Nikolaus Meyer-Landru

Frankreich

Betrachtungen zu Geschichte und Gegenwart*

**Dieses Buch gibt die persönliche Auffassung des Autors wieder.*

Erschienen in der Reihe zur deutsch-französischen Freundschaft.

Projektleitung: Michael Scholl, Sophia Kohl
Lektorat: Lektorat Dr. Ruven Karr, Saarbrücken
Korrektorat: Sophia Kohl
Gestaltung und Satz: Fabienne Lentes, Braunschweig
Schriften: Le Monde Livre/Typofonderie, Stratos/Production Type
Papier: Werkdruck Salzer EOS naturweiß 1.5, 80 gsm
Umschlag: Elfenbeinkarton ultraweiß leinengeprägt, 246 gsm
Druck und Bindung: KRÜGER Druck+Verlag, Dillingen/Saar

www.unionstiftung.de, ISBN 978-3-9822386-0-9

Nikolaus Meyer-Landrut

Frankreich

Betrachtungen zu Geschichte und Gegenwart

UNION STIFTUNG

herausgegeben von der
Union Stiftung, 2020

INHALT

INHALT

VORWORT
von Dr. Wolfgang Schäuble
Präsident des Deutschen Bundestages

Ob es einem Deutschen in Frankreich erlaubt sei zu lachen? Diese Frage habe er sich oft gestellt, berichtete einst Wilhelm Hausenstein. Als erster Botschafter der Bundesrepublik Deutschland in Frankreich leistete Hausenstein in den fünfziger Jahren Pionierarbeit für das deutsch-französische Verhältnis. Freundschaftliche Beziehungen zu Frankreich waren ihm wichtig – Hausenstein stammte aus Hornberg im Schwarzwald, wo auch ich aufgewachsen bin.

Im 21. Jahrhundert hat ein deutscher Botschafter in Paris selbstverständlich eine andere Perspektive als die Nachkriegsgeneration. Längst lachen Franzosen und Deutsche gemeinsam. Die Vergangenheit begleitet Deutsche in Frankreich dennoch auf Schritt und Tritt. Sie zu kennen, ist nicht nur für offizielle Vertreter des einen Landes im anderen wichtig. Schließlich weicht die Annäherung zweier Nationen nicht deren historische Prägungen auf, wie Nikolaus Meyer-Landrut eindrücklich schildert. Vor allem bezeugen seine nachdenklichen Betrachtungen und facettenreichen Erfahrungen, wie eng und partnerschaftlich die Beziehung zwischen unseren beiden Ländern heute ist.

Die frühen Verfechter der *Réconciliation*, der Aussöhnung zwischen Deutschland und Frankreich, hatten einst den grundlegenden Elysée-Vertrag geschlossen, der mit dem Vertrag von Aachen inzwischen eine Aktualisierung erfahren hat. Trotz aller verfassungsrechtlichen Unterschiede tagen heute sogar Mitglieder von Assemblée Nationale und Deutschem Bundestag gemeinsam in der Deutsch-Französischen Parlamentarischen Versammlung, um ihre Kräfte zu bündeln und abgestimmt zu handeln. Entscheidend aber ist, dass die vertrauensvolle Zusammenarbeit in Politik, Wirtschaft und Wissenschaft von den Menschen in unseren beiden Ländern getragen und gelebt wird – ihnen ist die Nähe zur Selbstverständlichkeit geworden.

Viele waren erschüttert, als die symbolträchtige Europa-Brücke über den Rhein geschlossen wurde, um die Ausbreitung des Corona-Virus zu verhindern. Und groß war die Erleichterung, als französische Patienten in deutschen Kliniken aufgenommen wurden. Die Pandemie hat uns vor Augen geführt, was wir wirklich brauchen: eine lebendige Nachbarschaft. Nikolaus Meyer-Landrut hat in seinen Jahren als deutscher Botschafter in Paris viel dazu beigetragen, dass Deutsche und Franzosen einander verstehen – und miteinander lachen.

Dr. Wolfgang Schäuble, *Präsident des Deutschen Bundestages*
© Deutscher Bundestag/Achim Melde

EINLEITUNG

Jedes Land trägt die Spuren seiner Geschichte. Viele dieser Spuren – ob sie verborgen im Hintergrund wirken oder offen zutage treten – sind auf unterschiedliche Art und Weise auch heute noch wirkungsmächtig.

In den letzten Jahren habe ich als deutscher Botschafter in Frankreich eine Vielzahl von Gesprächen geführt, habe auf meinen Reisen durch das Land seine unterschiedlichen Regionen kennengelernt und viel Aktuelles und Historisches über das Land gelesen.

Dabei konnte ich feststellen, dass Frankreich uns Deutschen auf die eine oder andere Weise nah ist. Wir haben es oft bereist, französische Literatur gelesen, pflegen eine Vielzahl an privaten und geschäftlichen Kontakten nach Frankreich und lesen tagtäglich in unseren Medien über Frankreich. Gleichzeitig ist uns unser Nachbarland aber auch oft fremd, unverständlich. Es gibt immer wieder Momente, in denen wir nach dem Schlüssel suchen, der uns das Land und seine Menschen erschließt.

Umgekehrt ist Deutschland ein Land, das die allermeisten Franzosen gut zu kennen glauben, welches ihnen aber in seinen politischen und wirtschaftlichen Strukturen und in seinen gesellschaftlichen Aspekten oft fremd ist. Ein Land, das durch die französische Brille betrachtet sogar unverständlich wirken kann.

Das gegenseitige Verständnis wecken, das jeweilige Nachbarland erklären, dies ist in den letzten Jahren meine tägliche Aufgabe als deutscher Botschafter in Frankreich gewesen – auf vielfältige Art und Weise. Dabei hat mich meine Erfahrung davon überzeugt, dass das gegenseitige Verstehen oft eines größeren historischen Tiefgangs bedarf, als ihn uns die schnelllebige Welt der Tweets, Kurz- und Eilmeldungen bieten kann. Denn: Unsere Gesellschaften, unsere Länder sind bewusst oder unbewusst von der eigenen Geschichte geprägt. Nur wer sich ihr öffnet, wer sie ein wenig verstehen will, kann das Handeln und die Reaktionen der Menschen in der Gegenwart einordnen und dadurch helfen, Missverständnisse zu vermeiden.

Deswegen möchte ich mit diesem Beitrag nachspüren, welche historischen Entwicklungen seit der französischen Revolution von 1789 bis heute in Frankreich und seiner Gesellschaft besonders nachwirken. Ich möchte nachzeichnen, auf welche mehr oder weniger sichtbaren Spuren dieser Geschichte ich in den letzten Jahren immer wieder getroffen bin. Im Mittelpunkt soll stehen, welche historischen Ereignisse aus meiner Sicht heute noch nachwirken. Natürlich ist jede Auswahl prägender Begebenheiten subjektiv und immer ein wenig willkürlich. Es gäbe sicher gute Gründe, auch andere oder weitere Ereignisse in eine solche Betrachtung einzubeziehen.

Mein Anliegen ist es nicht – auch das sei zu Beginn gesagt –, eine rein historische Betrachtung vorzunehmen. Auf diesem Gebiet liegt zu den unterschiedlichen Ereignissen eine umfassende wissenschaftliche Literatur vor, mit der ich nicht rivalisieren möchte. Es geht mir vielmehr darum, den Leserinnen und Lesern Einblicke und Anregungen zu vermitteln, die helfen, unseren großen Nachbarn besser zu verstehen.

Unter diesen Prämissen möchte ich die folgenden historischen Ereignisse oder Episoden in den Blick nehmen und jeweils aufzeigen, wo und wie sie mir im heutigen Frankreich begegnet sind – wie sie aus meiner Sicht dieses Land geprägt haben. Solche Prägungen können vielfältig, manchmal gar auch widersprüchlich sein. Aber auf diese Vielfalt und Komplexität wird sich einlassen müssen, wer unseren Nachbarn Frankreich besser verstehen möchte.

Die behandelten historischen Ereignisse:

1. 1789: Die Französische Revolution. Liberté, Egalité, Fraternité
2. 1800–1815: Napoleon. Die Entstehung des modernen Zentralstaats und regionale Partikularismen
3. 1894–1906: Die Dreyfuss-Affäre. Antisemitismus und die Rolle des Judentums
4. 1905: Das Gesetz zur Trennung von Staat und Kirche. Laizität, Religionsfreiheit, Antiklerikalismus und Emanzipation
5. 1916: Verdun. Der Mythos der Landesverteidigung und das Prestige des Militärs
6. 1940–1947: Der Zusammenbruch, de Gaulle und die „Wiederauferstehung“

7. 1962: Frankreich und Algerien – weiterhin Gefangene der gemeinsamen Geschichte?
8. Mai 1968: Die Studentenrevolution. Gesellschaftlicher Aufbruch und Hochschulbildung zwischen Elitarismus und Gleichheitsgrundsatz
9. 2005: Das Referendum zum europäischen Verfassungsvertrag. Europapolitisches Fanal und innenpolitische Wasserscheide
10. 2012–2016: Islamistische Anschläge in Toulouse, Paris, Nizza und ganz Frankreich
11. Und zum Schluss: Frankreich und die Corona Pandemie 2020

In dieser Übersicht sind einige Ereignisse, bei denen die Auseinandersetzung mit Deutschland eine zentrale Rolle spielt: Verdun, der Zusammenbruch 1940, der Widerstand gegen die deutschen Besatzer und die Kollaboration der Vichy-Regierung. Aber es gibt auch viele Frankreich prägende Ereignisse, die in keinem unmittelbaren Zusammenhang mit Deutschland stehen, wie die Revolution 1789, die Entstehung des modernen französischen Zentralstaats unter Napoleon oder die Unabhängigkeit Algeriens.

Ein Großteil dieser Ereignisse hat stark auf Deutschland ausgestrahlt. Das gilt nicht nur für die Revolution und Napoleon, sondern auch etwa für die Studentenrevolution 1968 oder das Europa-Referendum von 2005.

Bei der Betrachtung der französischen Geschichte stößt ein deutscher Beobachter nolens volens häufiger auf Entwicklungen, die Deutschland betreffen, als vielleicht ein britischer oder spanischer Beobachter. Ein deutscher Beobachter ist gegenüber solchen Ereignissen sicherlich auch sensibler. Dennoch: Im Mittelpunkt sollen hier nicht die deutsch-französischen Beziehungen stehen, sondern Frankreich.

KAPITEL I:
1789: Die Französische Revolution.
Liberté, Egalité, Fraternité

Die Französische Revolution von 1789 ist ohne jede Frage ein Ereignis von welthistorischer Bedeutung und ein zentraler Epocheneinschnitt in der europäischen Geschichte. Die historischen Auswirkungen dieser Zeitenwende auf Frankreich, Europa und weit darüber hinaus sind vielfach aufgearbeitet worden.

Die Erklärung der Menschen- und Bürgerrechte, welche die französische Nationalversammlung am 26. August 1789 verkündete, ist ein Text von zentraler Bedeutung für die demokratische und gesellschaftliche Entwicklung weltweit. Im ersten Artikel wird der Grundsatz der Freiheit und Gleichheit programmatisch an die Spitze des neuen Wertekanons gestellt – in klarer Abkehr vom Standesdenken des *Ancien Régime:*

> *„Les hommes naissent et demeurent libres et égaux en droits. Les distinctions sociales ne peuvent etre fondées que sur l'utilité commune"*
>
> In deutscher Übersetzung:
>
> *„Die Menschen sind und bleiben von Geburt frei und gleich an Rechten. Soziale Unterschiede dürfen nur im gemeinen Nutzen begründet sein."*

Die heute in Kraft befindliche Verfassung der Fünften Republik vom 4. Oktober 1958 bezieht sich in ihrer Präambel im ersten Satz sofort und unmittelbar auf diese Erklärung:

> *„Le peuple français proclame solennellement son attachement aux Droits de l'Homme et aux principes de la souveraineté nationale tels qu'ils ont été définis par la Déclaration de 1789, [...]"*
>
> In deutscher Übersetzung:
>
> *„Das französische Volk verkündet feierlich seine Verbundenheit mit den Menschenrechten und den Grundsätzen der nationalen Souveränität, wie sie in der Erklärung von 1789 niedergelegt wurden, [...]"*

Auch in der öffentlichen Debatte nimmt die (Frage der) Erklärung der Menschen- und Bürgerrechte bis heute eine bedeutende Rolle ein, die immer wieder auch zu Kontroversen führt. So hat ein Teil der französischen Intellektuellen im Verlauf der Flüchtlings- und Migrationskrise von 2014 bis 2016 eine größere Bereitschaft zur Aufnahme von Flüchtlingen durch den französischen Staat gefordert und sich dabei immer und immer wieder auf die Erklärung der Menschenrechte und die Grundsätze des Asylrechts in der französischen Verfassung (Art. 53-1) berufen. Mit Blick auf eine als zu restriktiv wahrgenommene Politik gipfelte der Vorwurf darin, dass Frankreich nur mehr die Republik der „Erklärung“ der Menschenrechte, aber nicht mehr die Republik der Menschenrechte sei.

Einer meiner häufigen Gesprächspartner, Marek Halter, ein französisch-polnisch-jüdischer Künstler und Schriftsteller, kam 1950 im Alter von 14 Jahren mit seiner Familie nach Frankreich. Er erzählte mir einmal, dass er sich bei seinem Eintreffen in Frankreich instinktiv zu Hause gefühlt habe, da an vielen öffentlichen Orten die Erklärung der Menschen- und Bürgerrechte ausgestellt gewesen sei. Als Kind habe er zwar die französische Sprache noch nicht beherrscht, aber diese Tafeln hätten ihn an die Gesetzestafeln von Moses aus dem Alten Testament erinnert. In der Tat wird für die Erklärung der Menschen- und Bürgerrechte, wenn sie im öffentlichen Raum ausgestellt wird, oft eine Darstellung mit zwei Hälften gewählt, die an gängige Darstellungen der Gesetzestafeln von Moses erinnert. Leider – so endete die Erzählung von Marek Halter – seien in den Jahrzehnten nach 1950 viele dieser Tafeln in Frankreich aus dem öffentlichen Leben verschwunden.

In diesem Kapitel möchte ich mich nun exemplarisch vier Aspekten zuwenden, die ihren Ursprung in der Revolution genommen und die Entwicklung in Frankreich über die letzten zwei Jahrhunderte mitgeprägt haben und auch heute noch eine gewichtige Rolle spielen.

1. *L'esprit républicain*, der republikanische Geist
2. *Le service publique d'intérêt général,* Dienstleistungen der öffentlichen Daseinsvorsorge, und *l'État-providence*, der Wohlfahrtsstaat
3. *L'école publique,* das öffentliche Schulwesen
4. Plebiszitäre Elemente in der französischen Demokratie

Die Devise der Republik, „Freiheit, Gleichheit, Brüderlichkeit", ist nicht nur in der Verfassung verankert (Art. 2), sondern prangt auch an unzähligen öffentlichen Gebäuden im ganzen Land, insbesondere an Rathäusern und öffentlichen Schulgebäuden. Keiner kann sie übersehen. Auch im politischen Diskurs spielt die Devise noch heute eine große Rolle. Gerade in Krisensituationen appellieren französische Präsidenten immer wieder an den *„esprit républicain"*, mit dem Ziel, das französische Volk überparteilich zu mobilisieren und zusammenzuführen. Präsident Hollande tat das anlässlich der schrecklichen Anschlagsserie in Frankreich 2015 und 2016. Präsident Macron tat es anlässlich der Corona-Epidemie 2020. Und jeder größere öffentliche Auftritt eines Präsidenten, aber auch vieler anderer Funktionsträger wie Regionalpräsidenten, Bürgermeister, Abgeordneter oder Präfekten, endet stets mit dem Ausruf: *„Es lebe die Republik, es lebe Frankreich!"*

Nicht nur in Ausnahmesituationen, sondern auch in vielen programmatischen Reden wird das republikanische Ideal von den Präsidenten der Republik beschworen. So sagte etwa Emmanuel Macron am 10. Juli 2018 vor dem im Kongress versammelten Parlament (also den Abgeordneten der Nationalversammlung und den Senatoren):

> *„C'est pourquoi il nous faut restaurer l'ordre et le respect républicain, c'est-à-dire restaurer cette idée que la démocratie n'est pas un espace neutre, ouvert à tous les relativismes mais d'abord la reconnaissance partagée des droits et des devoirs qui fondent la République même."*
>
> In deutscher Übersetzung:
>
> *„Aus diesem Grund müssen wir die Ordnung und die Achtung vor der Republik wiederherstellen, d. h. die Idee wiederherstellen, dass die Demokratie kein neutraler Raum ist, der allen Relativierungen offensteht, sondern vor allem die gemeinsame Anerkennung von Rechten und Pflichten, die das eigentliche Fundament der Republik bilden."*

In diesem Kontext appellieren die französischen Präsidenten dann auch immer wieder an die Verantwortung jedes Einzelnen. Emmanuel Macron drückte dies am 3. Juli 2017 wie folgt aus:

> *„Chaque Français a sa part de responsabilité et son rôle à jouer dans la conquête à venir. En retrouvant l'esprit de nos*

institutions, nous redonnerons à la nation toute entière le sentiment de retrouver la maitrise de son destin, la fierté de reprendre en main le fil de son histoire."

In deutscher Übersetzung:

„Jeder Franzose hat seinen Teil der Verantwortung und seine Rolle bei der Bewältigung der bevorstehenden Herausforderungen zu spielen. Indem wir den Geist unserer Institutionen wiederentdecken, werden wir der ganzen Nation das Gefühl wiedergeben, die Kontrolle über ihr Schicksal wiederzufinden den Stolz, die Kontrolle über die Fäden ihrer Geschichte wiederzuerlangen."

Vergleichbare Aussagen und Appelle ziehen sich durch viele Reden aller Präsidenten der Fünften Republik, von de Gaulle über Mitterrand bis zu Macron. Natürlich bei jedem auf seine Art und in seinem Stil. An Pathos hat es allerdings nie gefehlt.

Warum beschwören die Vertreter des Staats so oft und so inbrünstig die Republik? Das hat sicher auch etwas damit zu tun, dass die Republik sich immer gegen Tendenzen zur Restauration der Monarchie hat schützen müssen. Bei der Abstimmung über die Verfassungsgesetze am 30. Januar 1875 setzt sich die republikanische Staatsform (Wahl eines Staatspräsidenten durch die beiden Kammern des Parlaments) mit nur einer einzigen Stimme Mehrheit (353 zu 352 Stimmen) durch. Die Sorge um eine Rückkehr der Monarchie hat die Republikaner während des gesamten Zeitraums der Dritten Republik nie wirklich verlassen und die Auseinandersetzung mit der katholischen Kirche (auf die noch einzugehen sein wird) stand auch immer im Zusammenhang mit der Sorge um die mögliche Rückkehr einer Verbindung von Thron und Kirche. Um diese Strömungen einzufangen, hat auf der anderen Seite das republikanische Protokoll immer wieder auch Rituale aus der Zeit der Monarchie integriert (z. B. die Republikanische Garde, die Militärparade zum Nationalfeiertag oder Salutschüsse). Durch die Direktwahl des französischen Präsidenten in der Fünften Republik hat sich das monarchistische Element noch einmal verstärkt.

Insofern ist schon etwas daran, dass Frankreich heute zwar eine Republik ist, aber mit einem gewählten Präsidenten, der von manchen, im Guten wie im Bösen, mit einem gewählten Monarchen verglichen wird. Aus *„Le roi est mort, vive le roi"* ist eben *„Vive la République, vive* *la France"* geworden. Und einmal gewählte Präsidenten können dann eben auch sehr schnell bei dem launischen Volk in Ungnade fallen!

Hat sich in Deutschland die Demokratie nach 1945 als Antwort auf die Diktatur unter Hitler etabliert und nach der Wiedervereinigung 1990 die zuvor kommunistisch regierte DDR integriert, so stand in Frankreich der Republik als Staatsform seit der Revolution über zwei Jahrhunderte immer die monarchische Restauration als Alternative gegenüber: Darin liegt ein wesentlicher Unterschied für Staats- und Demokratieverständnis der beiden Länder.

Le service publique d'intérêt général und l'État-providence – öffentliche Daseinsvorsorge und Wohlfahrtsstaat

All das zeigt: Der Staat ist in der französischen Vorstellungswelt insgesamt positiv besetzt. An ihn richten sich große Erwartungen, vor allem in Krisenzeiten. Dahinter steht ein Staatsverständnis, das in Frankreich von großer Bedeutung ist. Es begegnet uns an vielen Stellen im täglichen Leben. Die Republik besteht im Geiste ihrer Schöpfer und Träger aus einer Gesellschaft mündiger Bürger, die in einem unmittelbaren Verhältnis zum Staat stehen. Das hat verschiedene Konsequenzen.

Zum einen schaut der Staat skeptisch auf alle „Zwischenebenen", die das Zusammenleben organisieren. Das gilt insbesondere für die Kirchen. Die katholische Kirche war neben der Monarchie ein zentraler Gegner der Französischen Revolution. Aber auch regionale Gliederungen wie z.B. die Regionen oder Gewerkschaften werden aus diesem Staatsverständnis heraus oft skeptisch beäugt. Die *„pouvoirs intermédiaires"* werden als Ebenen wahrgenommen, die es dem Einzelnen, dem mündigen Bürger, nicht erlauben, in ein individuelles, unmittelbares Verhältnis zum Staat zu treten.

Diese Skepsis gegenüber politischen, gesellschaftlichen oder religiösen Zwischenebenen tritt bei Präsident Macron ganz besonders zutage. Schon als Redakteur des sogenannten Attali-Berichts *(„commission pour la libération de la croissance française")*, der im Auftrag von Präsident Sarkozy Vorschläge zur Wiederbelebung der Wirtschaft unterbreiten sollte, hat der junge Macron formuliert, dass diese

„pouvoirs intermédiaires" die eigentlichen Reformbremsen in Frankreich seien. Konsequenterweise hat er als Präsident seine Reformprojekte zu Beginn seiner Amtszeit 2017/2018 „von oben" durchgesetzt und sich dabei auf sein Wahlprogramm bezogen: Hierfür hätten ihn die Wähler als mündige Bürger ja gewählt und damit sein Handeln unmittelbar legitimiert.

Zum anderen übernimmt der Staat Verantwortung für seine Bürger. Der Staat nimmt diese Verantwortung durch die Bereitstellung der *„services publiques d'intérêt général"* wahr. Die deutsche Übersetzung *„Leistungen der öffentlichen Daseinsvorsorge"* gibt den hinter dem Konzept des *„service général"* stehenden Anspruch des französischen Staats nur sehr unvollkommen wieder. Dies spürt man jedes Mal, wenn in der EU um diese Fragen gerungen wird. Während es im deutschen Sinne um eine Grundversorgung geht, die der Bund, zum Teil aber eben auch Länder oder Gemeinden zur Verfügung stellen, geht es in Frankreich um einen umfassenden und proaktiven Ansatz, mit dem der Staat seiner Gesamtverantwortung für seine Bürger gerecht werden soll. Dieser Ansatz umfasst bewusst den Anspruch aktiver Politikgestaltung. Er erstreckt sich auf weite Felder des öffentlichen Lebens: das öffentliche Schulwesen (auf das ich gleich noch im Einzelnen eingehen werde), die öffentliche Krankenversorgung (deren Krankenhäuser in der Corona-Epidemie natürlich in der ersten Linie standen), den öffentlichen Transport, die Energieversorgung, aber natürlich auch innere und äußere Sicherheit.

Dieses proaktive Konzept des vorsorgenden Staats hat bei den Bürgern mit der Zeit eine Erwartungshaltung dem Staat gegenüber entstehen lassen, die oft mit dem Begriff *„l'État-providence"* zusammengefasst wird. Dieser beschreibt den Staat als Akteur, der alle Fragen beantworten kann und muss. Schon während der Revolution nannte sich das Exekutivorgan des Nationalkonvents Wohlfahrtsausschuss *(„comité de salut public")*! Die oft nicht mehr einlösbaren Erwartungen an den Staat bündeln sich jedes Mal in den Erwartungen und Hoffnungen, die einem neu gewählten französischen Staatspräsidenten entgegengebracht werden. Von ihm, gewählt in einer unmittelbaren und allgemeinen Wahl durch alle Bürger, werden nahezu Wunder erwartet. Und die neu gewählten Präsidenten starten jeweils mit sehr großen

Ambitionen. Das mündet in aller Regel nach ein bis zwei Jahren in die ersten mehr oder weniger großen Enttäuschungen. Legt man die Kurven der Zustimmungsraten für die unterschiedlichen Präsidenten übereinander, so kommt man zu einem fast identischen Bild: Die Zustimmungswerte für François Mitterrand waren in den ersten drei Jahren von 74 % auf 47 % gesunken, die von Jacques Chirac von 64 % auf 44 %, die von Nicolas Sarkozy von 63 % auf 32 %, die von François Hollande von 55 % auf 20 % und schließlich die von Emmanuel Macron von 57 % auf 25 %.

Denn diesem hohen Anspruch von *service publique d'intérêt général* und *État-providence*, die beide ihren ideologischen Ursprung in der Französischen Revolution haben, steht in der Praxis eine oft weit weniger rosige Wirklichkeit gegenüber. Vor allem auf dem Land gehen die staatlichen Dienstleistungsangebote seit Jahren zurück. Postämter schließen, Zugverbindungen werden reduziert und oft durch sehr wenige Busverbindungen ersetzt. Die ärztliche Versorgung ist auf dem Land oft schwach ausgeprägt. Kinder müssen lange Schulwege in Kauf nehmen. Auch beim Ausbau von moderner Infrastruktur wie Mobilfunknetzen oder schnellem Internet hinkt der ländliche Raum den großen Städten weit hinterher.

Das sich hier zeigende Stadt-Land-Gefälle kontrastiert stark mit dem programmatischen Ansatz der Devise von der Freiheit, Gleichheit und Brüderlichkeit. Und bei vielen Menschen entsteht auch der begründete Eindruck, dass es mit dem flächendeckenden *service publique d'intérêt général* in der Praxis dann eben doch nicht so weit her ist, obwohl die Devise der Republik allgegenwärtig an ihren Rathäusern und Schulen prangt.

Diese Unzufriedenheit findet ihren Niederschlag in den Wahlergebnissen des *Front National* (seit Juni 2018 *Rassemblement National*). Bei den letzten Präsidentschaftswahlen 2017 hat der *Front National* mit Marine Le Pen als Kandidatin im ersten Wahlgang weit über die angestammten Bastionen der Partei im Süden und im Nordosten hinaus Zustimmung und Wähler angezogen. Dabei ist sie auch im westlichen Teil des Landes vor allem in ländliche und periurbane Räume weit vorgedrungen.

Diese Unzufriedenheit hat aber zu einem guten Teil auch die Protestbewegung aus dem Herbst 2018, die sogenannten *Gilets jaunes* oder Gelbwesten, gespeist. Viele – oft hart arbeitende – Menschen aus einfachen Verhältnissen, oft nur wenig mehr als den Mindestlohn verdienend und in ihrem täglichen Leben auf das eigene Auto angewiesen, hatten das Gefühl, dass ihre Anliegen und ihre Lebenssituation vom französischen Staat nicht ausreichend berücksichtigt, dass sie gewissermaßen zurückgelassen würden. Ausgangspunkt der Bewegung war der Protest gegen eine Öko-Steuer auf Benzin und Diesel, aber auch die Herabsetzung der Geschwindigkeitsbegrenzung auf Landstraßen auf 80 Stundenkilometer.[1] Die Bewegung hat sich rasch verändert und ist auf unterschiedliche Weise politisiert worden. Die Demonstranten trugen an den Samstagen zwar weiterhin gelbe Westen, gingen aber nur noch zum Teil für die ursprünglichen Anliegen auf die Straße. Und die französische Politik hat trotz des Abflauens dieser Protestbewegung auf die durch sie zum Ausdruck gekommenen Sorgen eines Teils der Bevölkerung insbesondere aus den ländlichen Räumen bis heute nur ansatzweise Antworten gefunden.

Bemerkenswert ist, dass zum ersten Mal in der französischen Geschichte der letzten Jahre eine landesweite Protestbewegung von den ländlichen Räumen und den Bewohnern kleiner Städte ausgegangen ist. Frühere Protestbewegungen und Aufstände hatten ihren Ursprung in aller Regel in Paris genommen.

Dabei haben sicher auch die modernen Kommunikationsmittel eine wesentliche Rolle gespielt. So konnten sich anfangs Einzelne und kleinere Gruppen über Facebook landesweit solidarisieren und organisieren. Schnell entwickelten sich daraus sehr große virtuelle Gruppen mit teilweise über 200.000 Teilnehmern. Beobachter der Bewegung haben einen Zusammenhang zwischen einem geringen Bildungsniveau vieler Vertreter der Gelbwesten und dem Einfluss sozialer Medien, über die ungefiltert auch viele Un- und Halbwahrheiten zirkulierten, gesehen. Studien haben gezeigt, dass Menschen, die sich stärker über soziale Medien informieren, für Verschwörungstheorien deutlich zugänglicher sind als Menschen, die sich über die traditionellen Medien informieren.

---

1 Siehe dazu Jérome Fourquet/Sylvain Mauternach, „*Les Gilets Jaunes: revélateur fluorescent des fractures françaises*“, Studie der Jean-Jaurès-Stiftung vom November 2018.

L'école publique – das öffentliche Schulwesen

Im *Ancien Régime* war die Schulausbildung ganz überwiegend in den Händen der katholischen Kirche. Von der Französischen Revolution bis heute zieht sich eine (mal mehr, mal weniger intensive) Auseinandersetzung zwischen Staat und katholischer Kirche durch die französische Bildungsgeschichte. Im Kern stand immer wieder die Frage, wer den gesellschaftlichen Auftrag für die Ausbildung der nächsten Generationen hat. Die radikalen Revolutionäre und ihre Nachfahren wollten dabei den Einfluss der Kirche immer so weit wie möglich zurückdrängen und im Idealfall ein staatliches Bildungsmonopol durchsetzen. Diese Bemühungen stießen anfangs an praktische Grenzen. Es mangelte an Lehrern für staatliche Schulen und an finanziellen Mitteln. Auch große Teile der Bevölkerung standen diesen Bestrebungen mit erheblicher Ablehnung gegenüber. Napoleon akzeptierte – schon unter praktischen Gesichtspunkten – einen Dualismus zwischen dem entstehenden neuen öffentlichen Bildungswesen und den kirchlichen Bildungseinrichtungen. In der Restauration und im Zweiten Kaiserreich stützte man sich wieder mehr auf die kirchlichen Einrichtungen, während unter der Dritten Republik die Verfechter des staatlichen Bildungsmonopols die Oberhand hatten. Jules Ferry setzte als Erziehungsminister einen guten Teil der aus der Revolutionszeit stammenden Ideen um.

Bis heute spiegeln sich aus diesen Auseinandersetzungen resultierende signifikante regionale Unterschiede im Schulwesen wider. Dort, wo schon während der Revolution der Widerstand gegen die neuen Ideen und die Unterstützung für den örtlichen Klerus am größten waren, wie in der Bretagne, der Normandie oder der Vendée – überhaupt im Westen des Landes –, gibt es auch heute noch die meisten katholischen Privatschulen, in denen oft ein signifikanter Anteil der Schüler (in der Bretagne noch um die 50 %!) unterrichtet wird. Der Versuch von Staatspräsident François Mitterrand im Jahr 1984, die katholischen Privatschulen zu verstaatlichen, ist am massiven Widerstand eines Teils der Gesellschaft gescheitert. Die Verfechter der *„école libre"* haben landesweite Demonstrationen mit über einer Million Teilnehmern organisiert, die letztendlich zum Rückzug des Gesetzesentwurfs führten.

Die Erklärung der Menschen- und Bürgerrechte von 1789 hatte die Frage der Bildung noch ausgeklammert. Aber in der Verfassungsgebenden Versammlung wurde von Anfang an auch über Bildungsfragen gestritten. Mitglieder der Versammlung brachten vielfältige konkurrierende Vorschläge in die Debatte ein. Im Mittelpunkt der Debatte standen dabei immer wieder die Fragen eines öffentlichen Bildungsmonopols, die Einrichtung öffentlicher Grund- und Oberschulen im ganzen Land sowie die Frage einer allgemeinen Schulpflicht, die allerdings voraussetzte, dass die Schulausbildung kostenlos ist.

Die konkrete Umsetzung dieser oft weitreichenden Pläne stellte sich allerdings in der Revolutionszeit als schwer bis kaum realisierbar heraus. Erst unter Napoleon ab 1800 wurden die Bemühungen um eine auch praktische Bildungsreform verstärkt. Napoleon sah in dem öffentlichen Unterricht ein zentrales Element des Neuen Frankreichs. So führte er als Erster Konsul vor dem Staatsrat aus:

> *„De toutes nos institutions la plus importante est l'instruction publique. Tout dépend d'elle, le présent et l'avenir."*
>
> In deutscher Übersetzung:
>
> *„Von allen unseren Institutionen ist die öffentliche Bildung die wichtigste. Von ihr hängt alles ab, die Gegenwart und die Zukunft."*[2]

In diesen Jahren hat sich Napoleon immer wieder den Bildungsfragen zugewandt. Es kommt zur Gründung erster staatlicher Grund- und Oberschulen in Paris und in einigen weiteren *Départements*. 1802 schafft Napoleon zunächst eine eigene Abteilung für Bildungsfragen im französischen Innenministerium. Ab 1802 entsteht auch eine neue Form der Oberschulen (die *Lycées*), von denen es im Jahr 1809 achtzig im ganzen Land gibt, in denen immerhin schon etwas über 27.000 Schüler unterrichtet werden.[3]

Das zentrale Reformwerk im Bildungsbereich unter Napoleon war 1806 die Gründung einer *„Université Impérial"* – nicht zu verwechseln mit einer klassischen Universität, handelte es sich doch um die Schaffung einer Struktur für den Aufbau des staatlichen Bildungswesens und die Ausbildung von Lehrern und der (Beamten-)Elite des Staats. Hier wurden die unterschiedlichen Stufen des Bildungswesens

2 Alain Pigard, *l'oeuvre de paix de Napoléon 1800–1815,* Paris 2014, S. 171
3 ebenda, S. 250–258

organisiert: von den Grundschulen *(écoles élémentaires)* über die Mittelschulen *(Collèges)*, die Oberschulen *(Lycées)* bis zu den weiterführenden Fakultäten für Rechtswissenschaften, Medizin, Theologie, Natur- und Geisteswissenschaften. Angemerkt sei, dass unter den theologischen Fakultäten auch drei für protestantische Theologie in Straßburg, Genf und Montauban gegründet wurden. Die Straßburger Universität bietet bis heute als einzige öffentliche Universität in Frankreich das Lehrfach protestantische Theologie an.

Das Gesetz vom 10. Mai 1806, mit dem diese *Université Impérial* gegründet wurde, definierte den Auftrag wie folgt: *„eine Einrichtung, die ausschließlich mit der Lehre und der öffentlichen Bildung im ganzen Kaiserreich beauftragt ist"*. Es ging also um einen gesamtstaatlichen Bildungsauftrag und um die Ausbildung der Eliten. Das wollte man der katholischen Kirche und insbesondere den Jesuiten im postrevolutionären Frankreich nicht überlassen. Für die *Université Impérial* wird von Anfang an eine territoriale Gliederung vorgesehen. So werden mit der *Université Impérial* die Akademiebezirke geschaffen, denen jeweils ein Rektor vorsteht. 1814 gibt es vierzig solcher Akademiebezirke, die weit über das heutige Frankreich hinaus bis nach Oberitalien, Deutschland oder in die Niederlande reichen. Diese kaiserliche Universität ist sukzessive in das Ministerium für die öffentliche Erziehung (1828) und das Ministerium für nationale Bildung (1932) überführt und umbenannt worden. Nur die Zuständigkeit für Forschung und Hochschulen ist im Laufe der letzten Jahrzehnte nach und nach ausgegliedert worden. Die Einteilung in Akademiebezirke hat sich ebenfalls erhalten und sich über die Zeit immer wieder den unterschiedlichen Territorialreformen angepasst. Zuletzt ist Anfang 2020 eine Neuordnung in Kraft getreten, die die Territorialreform von François Hollande von 2015 nachbildet.

Der Rektor von Paris nimmt im System der Akademiebezirke die Stellung eines Primus inter Pares ein. Er nimmt nicht nur als Rektor der Hauptstadt an allen großen (Gedenk-)Veranstaltungen teil, sondern ist im heutigen System zugleich Rektor der Region Île-de-France, die neben Paris die Akademiebezirke von Versailles und Créteil umfasst. In der ursprünglichen napoleonischen Ordnung war der Großmeister der *Université Impérial* in Personalunion auch Rektor von Paris – also, nach den heutigen Bezeichnungen, zugleich Bildungsminister und Rektor von Paris. Die Rektorinnen und Rektoren, die heute durch das Kabinett ernannt werden, kommen zumeist aus der Universitätslaufbahn. Ihre Aufgabe ist es heute wie damals, den staatlichen Bildungsauftrag und -anspruch bis in den letzten Winkel des Landes zu tragen, unter der direkten Verantwortung des Bildungsministers in Paris.

Dabei ist der Begriff „Universität“ in Frankreich im Laufe der Geschichte unterschiedlich besetzt worden. Im Zuge der Revolution wurden 1793 die hergebrachten Universitäten aufgelöst. Sie galten der Revolution als ein Hort der Reaktion. Die unter dem Dach der *Université Impérial* wieder auftauchenden Fakultäten hatten entsprechend einen neuen Zuschnitt. Sie waren stark reglementiert und die Berufsausbildung (nicht allgemein Forschung und Lehre) stand im Mittelpunkt der Ausbildung.

Parallel wurden während der Revolution die ersten *Grandes Écoles* gegründet, unter anderem die *École Polytechnique* und die *École Normale Supérieure*, die beide bis heute zu den renommiertesten *Grandes Écoles* in Frankreich zählen. Der Dualismus zwischen den elitären *Grandes Écoles* und den normalen Universitäten hat hier seinen Anfang genommen.

Die 1810 von Wilhelm von Humboldt angestoßene Universitätsreform in Preußen, die ebenfalls zum Ziel hatte, die hergebrachten Universitäten zu modernisieren, unterschied sich grundlegend von der napoleonischen Reform. Wilhelm von Humboldt ging es gerade darum, den Universitäten Freiräume für Lehre und Forschung zu schaffen und sie – natürlich auch im Sinne der Aufklärung – für die neuen Wissenschaften zu öffnen, während Napoleon die Fakultäten reglementieren (und damit kontrollieren) und sie zugleich stärker berufspraktisch ausrichten wollte. Diese Unterschiede im Bildungs- und Forschungsbereich wirken bis heute nach, sodass deutsche und französische Einrichtungen oft auf völlig unterschiedliche Traditionen zurückblicken und ein unterschiedliches Selbstverständnis haben – was den Austausch durchaus bereichern kann.

Die nächsten weitreichenden Reformen im Bildungswesen erfolgten in der Dritten Republik unter dem Erziehungsminister (von 1879–1882) Jules Ferry. Er führte die unentgeltliche und verpflichtende

Grundschulausbildung ein und drängte den Einfluss der Kirche weiter zurück. Durch seine Reformgesetze wird die geistliche Schulaufsicht aufgehoben. Gebete und das Tragen religiöser Symbole werden in öffentlichen Einrichtungen wie öffentlichen Schulen untersagt. An die Stelle von *„instruction morale et religieuse"* tritt *„instruction morale et civique"*. Die moderne öffentliche Schule soll kostenlos, obligatorisch und laizistisch sein.

Die Präambel der Verfassung der Vierten Republik von Oktober 1946 enthält dieses Bekenntnis:

> *„[...] l'organisation de l'enseignement publique obligatoire gratuit et laïque à tous les degrés est un devoir de l'Etat."*

In deutscher Übersetzung:

> *„[...] die Organisation einer obligatorischen, kostenlosen und laizistischen öffentlichen Bildung auf allen Ebenen ist eine Pflicht des Staates."*

Die Präambel der Fünften Republik wiederum bezieht sich explizit auf diese Präambel.

Daneben haben sich in Frankreich allerdings katholische Privatschulen erhalten. Sie unterrichten auch heute noch knapp 20 % der Schüler in der Mittel- (*Collège*) und Oberschule (*Lycée*) und insgesamt weit über zwei Millionen Schüler. Die allermeisten dieser Schulen stehen in einem Vertragsverhältnis zum Staat (*„sous contract"*). Dies bedeutet, dass sie sich an das französische Curriculum halten, an den staatlich organisierten Abschlussprüfungen teilnehmen und dass ihre Lehrer vom Staat bezahlt werden. Darüber hinaus können sie aber Religionsunterricht anbieten und christliche Werte vermitteln. Oft sind diese Schulen auch wegen ihrer Qualität besonders beliebt und haben lange Wartelisten. In den jährlichen Rankings der besten *Lycées* schneiden sie immer überdurchschnittlich gut ab. Durch das zu entrichtende Schulgeld schaffen sie aber auch eine soziale Ungleichheit. Nicht alle Eltern können sich diese Schulen für ihre Kinder leisten, sodass sich in den katholischen Privatschulen oft überdurchschnittlich viele Kinder aus bevorzugten Verhältnissen finden. Ferner haben die Schuldirektoren, anders als ihre Kollegen an den öffentlichen Schulen, bei der Auswahl der Lehrer ein Mitentscheidungsrecht. Bemerkenswert ist schließlich, dass sich auch die Verfechter der freien Schulen heute auf die Menschen- und Bürgerrechte der Revolutionszeit berufen. Sie nehmen für sich die Gewissensfreiheit, die Meinungsfreiheit und die Versammlungsfreiheit in Anspruch. Seit dem gescheiterten Versuch unter Mitterrand im Jahr 1984, die Privatschulen abzuschaffen, hat es keine Vorstöße mehr in diese Richtung gegeben.

Plebiszitäre Elemente in der französischen Demokratie

In der Devise aus der Revolutionszeit „Freiheit, Gleichheit, Brüderlichkeit" steckt von Anfang an die Forderung nach gleichberechtigter Teilhabe der Bürger am politischen Leben. Und so haben auch unterschiedliche Vorschläge für plebiszitäre Elemente in den Verfassungsdebatten der Revolutionszeit eine wichtige Rolle gespielt. Sie finden sich in vielen Verfassungsentwürfen der Zeit, konnten sich jedoch in der Praxis nicht wirklich durchsetzen.

Durch das 18., 19. und 20. Jahrhundert zieht sich eine Debatte um Einführung bzw. Ausweitung des Wahlrechts und plebiszitärer Elemente. Zunächst kommt es zur Einführung eines Zensuswahlrechts für Männer (1791) und unter dem Konsulat (1799) zu einem eingeschränkten allgemeinen Wahlrecht für Männer. Erst die Zweite Republik nach der Revolution von 1848 führt ein wirklich allgemeines Wahlrecht für Männer ein, nachdem es zwischen 1815 und 1848 verschiedene Formen eines zum Teil erweiterten Zensuswahlrechts gegeben hatte. Mit der Schaffung des Zweiten Kaiserreiches unter Napoleon III. beginnt eine Phase des Plebiszits. Am 10. Dezember 1848 wird Napoleon III. mit 75 % der Stimmen zum Staatspräsidenten gewählt. Nach dem Staatstreich vom 2. Dezember 1851 lässt er diesen Staatsstreich durch ein Referendum legitimieren, bevor er ein Jahr später wiederum durch ein Referendum die Rückkehr zum Kaiserreich vom Volke „absegnen" lässt.

Nach der Niederlage im Deutsch-Französischen Krieg 1870 und dem Endes des Zweiten Kaiserreichs wird in der Dritten Republik am 4. September 1870 das allgemeine Wahlrecht von 1848 wieder eingeführt. Ausgenommen waren zu diesem Zeitpunkt Frauen und die Angehörigen der Streitkräfte. Beide erhalten das Wahlrecht erst nach dem

Ende des Zweiten Weltkriegs: die Frauen 1944, die Angehörigen der Streitkräfte 1945. Volksbefragungen waren unter der Dritten Republik auch als Reaktion auf das gescheiterte Zweite Kaiserreich verpönt und fanden nicht statt.

Erst die heutige Verfassung der Fünften Republik versucht gewissermaßen eine Synthese aus dem jahrzehntelangen Streit um die angemessene Form der Wahlbeteiligung der Bürger. In der Verfassung der Fünften Republik wird das allgemeine und gleiche Wahlrecht durch die direkte Wahl des Staatspräsidenten und durch die Wahl der Abgeordneten der Nationalversammlung in ihren Wahlkreisen verwirklicht. Daneben kennt die Verfassung der Fünften Republik aber eben auch die Möglichkeit von Referenden, die weitgehend in der Hand des direkt gewählten Staatspräsidenten liegen. So kann er auf Vorschlag der Regierung, die von ihm eingesetzt wird, ein Referendum ansetzen. Ursprünglich begrenzte die Verfassung Referenden im Wesentlichen auf Fragen der Staatsorganisation und internationale Verträge (Art. 11) sowie auf Änderungen der Verfassung selbst (Art. 89). Durch spätere Verfassungsänderungen kommen heute als weitere mögliche Themen für Referenden Gesetze zu wirtschaftlichen, sozialen oder Umweltfragen in Betracht.

Im Zeitraum der Fünften Republik hat es bisher neun Referenden gegeben. Dreimal ging es dabei um Fragen der Staatsorganisation:

- am 28. Oktober 1962 um die Direktwahl des Staatspräsidenten;
- am 27. April 1969 um eine Reform des Senats;
- am 24. September 2000 um eine Verkürzung der Amtszeit des Staatspräsidenten von sieben auf fünf Jahre.

Zweimal ging es um die Algerienpolitik von General de Gaulle:

- am 8. Januar 1961 um die Bestätigung einer vom General verfolgten Politik der Selbstbestimmung Algeriens;
- am 8. April 1962 um die Zustimmung zur Vereinbarung von Evian, die den Weg zur Unabhängigkeit Algeriens ebnete.

Dreimal ging es um Europa:

- am 23. April 1972 um den Beitritt des Vereinigten Königreichs, Dänemarks, Irlands (und Norwegens) zur EWG;
- am 20. September 1992 um die Zustimmung zum Maastrichter Vertrag mit der Einführung des Euro;

- am 29. Mai 2005 um die Zustimmung zum europäischen Verfassungsvertrag.

Und einmal ging es um ein französisches Überseegebiet:

- am 6. November 1988 um den Status von Neukaledonien.

Seit der Verfassungsreform von 2008 unter Staatspräsident Sarkozy können ausdrücklich auch wieder zukünftige Erweiterungsverträge der Europäischen Union vom Präsidenten in einem Referendum dem Volk zur Ratifizierung vorgelegt werden. Sarkozy zielte dabei insbesondere auf einen möglichen Beitrittsvertrag der EU mit der Türkei, der bei einem Referendum in Frankreich aller Voraussicht nach scheitern würde.

Im Rahmen der Gelbwesten-Proteste im Winter 2018/19 kam eine andere Forderung wieder auf: der Ruf nach einem Referendum auf Initiative der Bürger (RIC: *référendum d'initiative citoyenne)*. Ziel der Initiative war es, den Bürgern ab einem bestimmten Quorum die Möglichkeit zu geben, von der Nationalversammlung angenommene Gesetze auch gegen den Willen von Regierung oder Parlament einem Referendum zu unterziehen und auf diese Weise zu Fall bringen zu können. Die Volkssouveränität sollte also über die parlamentarische Souveränität gestellt werden. Staatspräsident Macron hat diesen Vorstoß im April 2019 abgelehnt. Er hat lediglich angeboten, die bereits in der Verfassung enthaltene Möglichkeit einer Referendumsinitiative aus der Mitte des Parlaments (wozu mindestens ein Fünftel der Abgeordneten mit der Unterstützung von 10 % der Wählerschaft, d. h. von derzeit über 4,5 Millionen Wählern, erforderlich ist) zu erleichtern. Auch mit diesem Instrument ist es möglich, vom Parlament angenommene Gesetze einem Referendum zu unterwerfen. Dieses 2008 unter Sarkozy in die Verfassung aufgenommene Instrument ist bisher in der Praxis nie zum Einsatz gekommen. Die Debatten um mögliche Referendumsinitiativen „von unten" reichen bis in die Revolutionszeit zurück. Durchgesetzt hat sich diese Idee bis heute nicht.

Das Nebeneinander von Elementen einer parlamentarischen Demokratie, die ihren Ausdruck insbesondere in der Wahl der Abgeordneten für die Nationalversammlung findet, und der direkten Demokratie, die ihren Ausdruck in der Direktwahl des Staatspräsidenten, aber auch der Möglichkeit von Referenden findet, sorgt immer wieder für Spannungen im politischen Alltag. In aller Regel hat sich dabei in der Fünften Republik der Staatspräsident durchgesetzt – so war es von de Gaulle als dem Gründervater der Fünften Republik auch gewollt. Das war auch eine Antwort auf den Parteienstreit der Vierten Republik, der in einem rein parlamentarischen System zu einem ständigen Wechsel der politischen Mehrheiten und der Regierungen führte: Der Präsident sollte in der Fünften Republik über den Parteien stehen und die Nation verkörpern.

Mitte der 1980er-Jahre, nach der Wahl von François Mitterrand (1981), begann allerdings eine neue Phase, in der der Präsident dreimal nach Wahlen zur Nationalversammlung über keine eigene Mehrheit im Parlament mehr verfügte und entsprechend einen Premierminister aus dem anderen politischen Lager bestellen musste. 1986 entschied Mitterrand (Sozialistische Partei) sich für Jacques Chirac (konservative Partei), 1993 dann für Eduard Balladur (konservative Partei). 1997 schließlich machte der 1995 zum Präsidenten gewählte Chirac Lionel Jospin (Sozialistische Partei) zum Premierminister. Diese sogenannte Kohabitation zeigt einerseits den Spielraum auf, die die Verfassung dem Premierminister zuschreibt; andererseits wurde das Regierungsgeschäft durch ständige Auseinandersetzungen zwischen Präsident und Premierminister doch deutlich erschwert. Auch war für die französische Öffentlichkeit in mancher Hinsicht der Unterschied zwischen Rechts und Links, bei allen ideologischen Differenzen, bisweilen nicht mehr einfach zu erfassen – eine Situation, die dann auch dem rechtsnationalen *Front National* zugutekam.

Schließlich wurde per Referendum am 24. September 2000 aus dieser Situation die Konsequenz gezogen und die bis dahin siebenjährige Amtszeit des Präsidenten auf fünf Jahre verkürzt und damit der Laufzeit der Legislaturperiode der Nationalversammlung angepasst. Diese Reform hat dazu geführt, dass bisher alle folgenden Präsidenten – Nicolas Sarkozy ab 2007, François Hollande ab 2012 und Emmanuel Macron seit 2017 – über eine eigene Mehrheit in der Nationalversammlung verfügt haben. In den Parlamentswahlen 2007, 2012 und 2017 haben die Wähler jeweils den kurz zuvor neu gewählten Präsidenten mit einer eigenen Mehrheit ausgestattet. Sogar Macron gewann die

Parlamentswahlen, obwohl er seine politische Bewegung gerade einmal ein Jahr vor den Wahlen geschaffen hatte und sie neben ihm kaum über prominente politische Köpfe verfügte.

Diese durch die gleiche Dauer der Mandate von Staatspräsident und Nationalversammlung geschaffene neue Situation führt die beiden Säulen der Legitimation, die des direkt gewählten Präsidenten und die der Mehrheit der Abgeordneten im Parlament, zwar deutlich enger aneinander heran, schafft aber auch neue Spannungsverhältnisse im politischen System. Der Präsident ist jetzt de facto eher Mehrheitsführer als überparteilicher Staatspräsident, aber die Verfassung schafft ihm keinen Raum für einen dauerhaften, institutionalisierten Dialog mit dem Parlament und damit seiner eigenen Mehrheit. Es bleibt dem Premierminister und den Mitgliedern seiner Regierung vorbehalten, im Parlament Rede und Antwort zu stehen. Der Präsident kann „seine" Abgeordneten allenfalls zu informellen Gesprächen im *Elysée* empfangen.

Auch die mit der Verfassungsreform von 2008 unter Präsident Sarkozy geschaffene Möglichkeit des Präsidenten, sich an den Kongress zu wenden, hat hier keine wesentliche Abhilfe geschaffen. Der Kongress setzt sich aus allen Mitgliedern der Nationalversammlung und des Senats zusammen, tagt in Versailles und eine wirkliche Aussprache ist nach der Rede des Präsidenten auch nicht vorgesehen. Entsprechend selten haben die Präsidenten bisher von dieser Möglichkeit Gebrauch gemacht, Präsident Hollande etwa nach den schrecklichen Anschlägen in Paris am 13. November 2015.

Der Versuch von Emmanuel Macron, eine jährliche Rede vor dem Kongress zu halten und damit seine Verbundenheit mit dem Parlament zu demonstrieren, ist von der Öffentlichkeit falsch verstanden worden. Sein erster Auftritt im Sommer 2017 vor dem Kongress wurde, schon wegen der Symbolik von Versailles, als „monarchisch" wahrgenommen. Außerdem stand seine Rede in einem letztlich nicht zu klärenden Verhältnis zu der ebenfalls im Sommer 2017 vorgesehenen Regierungserklärung des Premierministers. Eine regelmäßige Praxis solcher Auftritte von Macron vor dem Kongress hat sich dann auch nicht etabliert. Ab 2019 hat er darauf verzichtet, eine solche jährliche Rede vor dem Kongress zu halten.

Aber auch die Spielräume des Premierministers sind in der heutigen Verfassungsrealität noch einmal geschrumpft. Das konnte man gut an dem Paar Emmanuel Macron/Édouard Philippe beobachten. Die Mehrheit der Abgeordneten der Nationalversammlung ist über die LREM-Liste durch den Popularitätsschwung von Emmanuel Macron gewählt worden. Édouard Philippe, der dem liberalen Flügel der konservativen Partei *(Les Républicains)* angehörte, musste nun aber – ohne selber der Partei des Präsidenten anzugehören – als Bindeglied zwischen dem Präsidenten und „seiner" Mehrheit fungieren, einer Mehrheit, die „ihren" Präsidenten fast nie direkt zu Gesicht bekommt.

Jenseits verfassungsrechtlicher Fragen ist jedes Referendum immer auch eine Abstimmung über den Präsidenten, der die jeweilige Frage zur Abstimmung gestellt hat. So hat de Gaulle 1969 aus dem verlorenen Referendum zur Senatsreform noch den Schluss gezogen – wenn auch etwas beleidigt –, dass seine Autorität an ihr Ende gekommen war, und ist zurückgetreten. Jacques Chirac hat nach dem verlorenen Referendum über den europäischen Verfassungsvertrag diese Konsequenz nicht gezogen. Seit diesem Referendum von 2005 hat allerdings kein Präsident mehr ein Referendum angesetzt. Den nachfolgenden Präsidenten erschien das Risiko eines politischen Scheiterns wohl zu hoch. So hat Sarkozy den auf der Grundlage des gescheiterten europäischen Verfassungsvertrags erarbeiteten Lissabonner Vertrag parlamentarisch ratifizieren lassen. Er hatte dies zwar bereits im Wahlkampf angekündigt und konnte sich somit auf die Legitimierung durch seinen Wahlsieg berufen. Das hat indes nicht alle in der Opposition überzeugt.

Auch Emmanuel Macron hat im Winter 2018/2019 mit dem Gedanken eines Referendums gespielt, auch um den durch den Protest der Gelbwesten ausgelösten Autoritätsverlust auszugleichen. Letztlich ist er jedoch davor zurückgeschreckt. Auch die von ihm angekündigte Verfassungsreform, für deren parlamentarische Ratifizierung ihm derzeit (und auf absehbare Zeit) die Mehrheit (3/5 im Kongress) fehlt, wird immer weiter hinausgeschoben, da er sich nicht auf das Risiko einer Ratifikation durch ein Referendum einlassen will.

Allerdings hat Präsident Macron am 29. Juni 2020 zwei mögliche Referenden zu Umweltfragen für das Jahr 2021 in Aussicht gestellt.

Damit reagierte er einerseits auf das starke Abschneiden der französischen Grünen bei den landesweiten Kommunalwahlen am 15. März und am 28. Juni 2020. Andererseits versucht er damit auch einen Weg zu eröffnen, um seine Legitimation im Vorfeld der nächsten Präsidentschaftswahlen im Frühjahr 2022 zu erhöhen – hatte doch seine Bewegung bei den Kommunalwahlen eine verheerende Niederlage einstecken müssen. Die sich schon länger abzeichnende schwache territoriale Verankerung seiner Bewegung *En Marche* wurde offenkundig: Ausgerechnet in den städtischen Ballungsräumen, in denen Macron 2017 die entscheidenden Stimmen gewonnen hatte, waren die Grünen als die großen Gewinner vom Feld gegangen. Sie hatten Städte wie Lyon, Bordeaux, Straßburg, Poitiers, Annecy oder Tours gewonnen. Damit verlor Macron gerade bei einem Teil seiner ursprünglichen Wähler an Zustimmung und in den Grünen einen neuen Konkurrenten. Auch darauf hat er mit der Referendumsinitiative reagiert.

KAPITEL II:
1800–1815: Napoleon
Die Entstehung des modernen Zentralstaats und regionale Partikularismen

Im *Ancien Régime* gliederte sich das Königreich in gut vierzig Provinzen (**Karte I, Seite 171**). Alle diese Provinzen hatten bestimmte historische Ursprünge und oft ihre eigene Geschichte. Viele der Provinzen wurden erst im Laufe der langen Geschichte des französischen Königreichs in dieses integriert: die südlichen Provinzen im Laufe des Mittelalters, die Bretagne erst zu Beginn des 17. Jahrhunderts und Savoyen und die Grafschaft Nizza erst 1860. Die östlichen Provinzen wechselten im Laufe der Jahrhunderte wiederholt den Herrn. All diese historischen Provinzen waren geprägt von lokalen Besonderheiten und Traditionen, mit einem auf Eigenständigkeit bedachten Adel und bedeutenden Städten wie etwa Lyon, Bordeaux, Marseille oder Toulouse. Mit dem Erstarken des königlichen Absolutismus seit Beginn des 17. Jahrhunderts haben die französischen Könige Zug um Zug durch die Ernennung königlicher Agenten und Vertreter versucht, ihren Machtanspruch in den Provinzen durchzusetzen.[4] Im Laufe des 17. Jahrhunderts entstand die Funktion der Intendanten für die unterschiedlichen Provinzen. Die Intendanten entwickelten sich zu den zentralen Vertretern der königlichen Gewalt in den Provinzen. Ihr Verantwortungsbereich umschloss die Justiz, die Polizei und die Finanzen. Während sie zunächst die Provinzen bereisten und inspizierten, wurden sie über die Zeit zu einer permanenten Einrichtung und hielten sich mehr und mehr in ihren Provinzen auf: Aus Inspektoren wurden Administratoren. Dabei stießen die Intendanten immer wieder auf regionale Widerstände und Traditionen, die ihrem Wirken Grenzen setzten.

In der Revolutionszeit wurde dann eine neue territoriale Ordnung geschaffen: die Aufteilung des Landes in *Départements*. Bereits 1790 wurden auf Anregung des Abbé Emmanuel-Joseph Sieyès die *Départements* – 83 zu Anfang – errichtet. Sie waren in ihrer territorialen Ausdehnung wesentlich homogener als die früheren Provinzen

---

4 siehe dazu Roland Mousnier, *Les Institutions de la France sous la Monarchie Absolue*, Band 2, Paris 1980

(im Durchschnitt knapp unter 6.000 km^2) und ihre Namen leiteten sich fast durchgängig von geographischen Gegebenheiten ab – von Flüssen, Bergen, Gebirgszügen etc. Damit setzte man sich bewusst von den Traditionen des *Ancien Régime* ab. Die Größe der *Départements* sollte es den Vertretern des Staats erlauben, ihr *Département* an einem Tag mit dem Pferd zu durchqueren. So konnten sie überall in ihrem *Département* rasch Präsenz zeigen. Auch in heutigen Zeiten, in denen sich die Vertreter des Staats nicht mehr zu Pferde bewegen, hat sich an der Größe der *Départements* gegenüber der Revolutionszeit nichts Wesentliches geändert. Gegenwärtig gibt es auf dem französischen Festland 93 *Départements* **(Karte II, Seite 173)**.

In der Revolutionszeit war allerdings die staatliche Administration im Lande weitgehend zerfallen. Erst unter Napoleon begann ab 1800 eine „Rückkehr" der staatlichen Autorität. Napoleon beließ es bei der von der Revolution geschaffenen territorialen Einteilung in die *Départements* – auch als sichtbarer Bruch mit dem *Ancien Régime* –, setzte aber in jedem *Département* einen Vertreter des Zentralstaats ein. Diese sogenannten Präfekten tragen auch heute noch als Vertreter des Staats in den *Départements* die Verantwortung für die öffentliche Ordnung und haben historisch bereits frühzeitig Aufgaben im Zusammenhang mit der wirtschaftlichen Entwicklung ihrer *Départements* übernommen. Seit der Einsetzung durch Napoleon tragen sie bis heute bei offiziellen Anlässen spezielle Uniformen, die sie für alle sichtbar als den Vertreter des Staats im jeweiligen *Département* oder der jeweiligen Region in Erscheinung treten lassen. Der Präfekt ist der zentrale Akteur, der dafür verantwortlich ist, dass der Wille des Staats bis in den letzten Winkel des Territoriums getragen wird. Sie sind Staatsdiener par excellence. Der Berichterstatter, der das Gesetz vom 17. Februar 1800 einbrachte, mit dem die Funktion des Präfekten geschaffen wurde, formulierte schon damals den Anspruch wie folgt:

> *„Ils transmettront la loi et les ordres du gouvernement jusqu'aux dernières ramifications de l'ordre social avec la rapidité du fluide électrique."*
>
> In deutscher Übersetzung:
>
> *„Sie werden die Gesetze und Anweisungen der Regierung mit*

der Geschwindigkeit des elektrischen Stroms bis in die letzten Verzweigungen der Gesellschaft tragen.“[5]

Neben vielen anderen Staatsreformen und der Schaffung eines bis heute nachwirkenden Gesetzeskodex *(Code Napoléon)* ist die Einführung der Präfekten sicher eine der zentralen Leistungen Napoleons im Hinblick auf die Modernisierung des Staates. Sie hat die Grundlagen dafür geschaffen, dass wir auch heute noch völlig zu Recht von einem starken Zentralstaat in Frankreich sprechen können.

Im Vergleich mit der Kompetenzenaufteilung in Deutschland stellt man fest, dass gerade zwei der wichtigsten Kompetenzen der deutschen Bundesländer, Bildung und Innere Sicherheit, in Frankreich auch in der Fläche durch Vertreter des Zentralstaats wahrgenommen werden. Hier zeigt sich, wie bedeutend die Klammer des Zentralstaats bis heute in Frankreich ist. Der Staat zielt durch seinen Bildungsanspruch darauf ab, alle Franzosen aller Regionen – bis in die letzten Ortschaften – zu gleichen und mündigen Bürgern auszubilden. Zudem ist er flächendeckend für die Sicherheit aller Bürger im gesamten Land verantwortlich.

Gleichzeitig bleibt aber auch bis heute ein Spannungsverhältnis zwischen diesem aus Paris gesteuerten Zentralstaat und den regionalen Traditionen und Partikularinteressen bestehen. Fernand Braudel formulierte es in der Einleitung zu seinem bedeutenden Werk über Frankreich so:

„Tout d’abord, les témoignages sur la France diverse, ‚plurielle‘, collection de ‚pays‘ autonomes, carreaux aux formes et aux couleurs diverses de cette mosaique qu’est la France. Ce pluriel, c’est ce que j’essaie de ‚visualisier‘ dans le premier chapitre: Que la France se nomme diversité.“

In deutscher Übersetzung:

„Zunächst einmal die Zeugnisse über das vielfältige, ‚pluralistische‘ Frankreich, eine Sammlung autonomer ‚Länder‘, Kacheln in verschiedenen Formen und Farben dieses Mosaiks, das Frankreich ist. Es ist jene Vielseitigkeit, die ich im ersten Kapitel zu ‚visualisieren‘ versuche: dass Frankreich den Namen ‚Vielfalt‘ trägt.“[6]

---

5 Alain Pigeard, *L’oeuvre de paix de Napoléon 1800–1815*, Paris 2014, S. 319

6 Fernand Braudel, *L’identité de la France*, Band 1: *Espace et Histoire*, Paris 1986, S. 26

Der Zentralisierungswille der Staatsmacht und das Beharrungsvermögen der regionalen Eigenheiten stehen sich in Frankreich auch heute noch gegenüber. Beim Ringen um verschiedenste Fragen, zuletzt etwa hinsichtlich der Reform der beruflichen Bildung, ist die Sicht der Regionen oft eine andere als die der Pariser Regierung. Während die einen regionale Politik unter Berücksichtigung der lokalen Gegebenheiten gestalten wollen, streben die anderen danach, eine aus ihrer Sicht besonders effektive Politik landesweit durchzusetzen. Im besten Fall befruchten die beiden Sichtweisen einander, manchmal blockieren sie sich – meistens setzt sich letztendlich der Zentralstaat mit seinen Möglichkeiten durch und hinterlässt auf regionaler und lokaler Ebene Enttäuschung oder gar Frustration.

Die große Bedeutung des lokalen und regionalen Kontexts für die meisten Einwohner Frankreichs – mit Ausnahme von Paris – kann man schon daran erkennen, dass sie zwar immer wissen, in welchem *Département* sie leben, oft aber für ihre Heimatregion die alten historischen Bezeichnungen verwenden. Ein Bewohner der Stadt Tours weiß, dass er im *Département Loir-et-Cher* lebt und dass Tours Sitz der Präfektur ist; trotzdem wird er wie selbstverständlich sagen, dass er aus der *Touraine* stammt. Die seit 1956 entstandenen, in der staatlichen Raumordnung übergeordneten Regionen erzeugen bis heute kein Zugehörigkeitsgefühl. Unser Bewohner der Stadt Tours wird sich mit der im Zuge der letzten Regionalreform von 2015 neu geschaffenen Region *Centre-Val de Loire* kaum identifizieren. In der Bretagne, wo die heutige Region Bretagne mit der alten Provinz des Königreichs praktisch identisch ist, ist das natürlich anders. Ähnliches gilt für die Normandie. Andere Regionen tragen dagegen heute völlig künstliche Namen wie die „*Hauts-de-France*" im Norden oder „*Grand Est*" im Osten. Wieder andere tragen Bezeichnungen, die aus den Namen vormaliger Regionen zusammengesetzt wurden, ohne über eine eigene Identität zu verfügen. Das gilt etwa für „*Bourgogne-Franche-Comté*" oder „*Auvergne-Rhône-Alpes*" oder „*Provence-Alpes-Côte d'Azur*" oder eben „*Centre-Val de Loire*". Andere schließlich tragen zwar Namen historischer Provinzen, umfassen zum Teil aber ganz andere Landesteile. Das gilt etwa für „*Occitanie*" oder „*Nouvelle Aquitaine*".

Die heutige Regionalstruktur ist am 1. Januar 2016 – nach einer Reform von Präsident François Hollande – in Kraft getreten **(Karte III, Seite 175)**. Nachdem die Regionen 1982 den Status von Gebietskörperschaften erhalten hatten und 2003 auch in der Verfassung verankert wurden, hat Hollande versucht, Regionen von hinreichender Größe zu schaffen, die es ihnen erlauben sollte, als gewichtigere Akteure in Erscheinung zu treten. Gleichzeitig ist er aber vor einer radikaleren Reform der territorialen Gliederung des Landes zurückgeschreckt. So sind die *Départements* erhalten geblieben, obwohl es viele Stimmen gab, die im Rahmen dieser Reform für ihre Abschaffung plädierten. Nicht einmal im Großraum Paris ist eine entsprechende Vereinfachung gelungen. Gleichzeitig sind die Kompetenzen der vergrößerten Regionen nur sehr behutsam ausgedehnt worden, sodass es auch heute noch für praktisch jedes größere Projekt eines Zusammenwirkens von Zentralstaat, Region, *Départements* und Gemeinden bzw. Metropolen bedarf. Die „Metropolen" umfassen dabei in der Regel eine der großen Städte Frankreichs und die umliegenden Gemeinden. Dort, wo (z. B. in einzelnen Metropolen) die Zusammenarbeit der unterschiedlichen Ebenen gut funktioniert, hat sie durchaus beachtliche Ergebnisse gebracht. Das kann man etwa an den Metropolen Lyon oder Bordeaux sehen. In beiden Fällen hat aber auch jeweils eine starke Persönlichkeit die Entwicklung geprägt und vorangebracht – Gérard Colomb in Lyon und Alain Juppé in Bordeaux.

Im Ergebnis ist dieser jüngste Versuch einer Dezentralisierung Frankreichs wieder einmal nur halbherzig ausgefallen. Letztlich hat der Staat durch die nur begrenzte Übertragung von Kompetenzen auf die neuen Regionen und durch die Finanzverfassung (den Regionen werden die Finanzmittel vom Zentralstaat zugewiesen) dafür gesorgt, dass er doch weiterhin das Sagen hat. Dezentralisierung in Frankreich bleibt ein zentral organisiertes Projekt!

Ein für deutsche Ohren ungewohntes Konzept bereichert die französische Debatte um das Verhältnis zwischen Zentralstaat und Regionen: die „Dekonzentration". Darunter wird die Stärkung der Präsenz des Zentralstaats in den Regionen verstanden, um die Aufgaben des Zentralstaats dezentral besser ausüben zu können. Hier geht es also gerade nicht um die Übertragung von Kompetenzen auf regionale Gebietskörperschaften, sondern letztlich um die bessere Durchdringung des Landes durch den Zentralstaat selbst.

Die Institutionen des Zentralstaats sind also eine mächtige Klammer, aber sie lassen die regionalen Besonderheiten nicht verschwinden. Um Frankreich zu verstehen, muss man beide Dimensionen im Blick haben. Diese regionale Vielfalt sei im Folgenden an einigen Beispielen illustriert.

Paris und *Île-de-France*

Die Hauptstadtregion *Île-de-France* umfasst im Wesentlichen den Großraum Paris. Hier leben auf engem Raum mit etwas über 12 Millionen Einwohnern etwa 18 % der französischen Bevölkerung. Die Region erwirtschaftet rund 30 % des französischen Bruttoinlandsprodukts und steht für ca. 40 % der französischen Forschungsausgaben.

Paris und die *Île-de-France* stellen ohne jeden Zweifel das politische, administrative, wirtschaftliche, wissenschaftliche und kulturelle Zentrum Frankreichs dar. Trotz dieses gewaltigen Übergewichts des Großraums Paris leben aber eben doch 54 der 66 Millionen Franzosen nicht in dieser Region.

Die zentrale Stellung der Hauptstadt ist über die Jahrhunderte gewachsen. Das Königreich Frankreich hat von Paris aus seinen Ausgang und Aufstieg genommen. Auch anhand der Transportinfrastruktur kommt diese zentrale Stellung augenfällig zum Ausdruck. Paris ist der Mittelpunkt eines Straßen- und Eisenbahnnetzes, das ganz auf die Verbindungen von und nach Paris angelegt ist. Die Pariser Flughäfen sind die einzigen französischen Flughäfen von internationaler Bedeutung.

Gleichzeitig bestehen innerhalb der Region *Île-de-France* große Unterschiede, die schon innerhalb von Paris zum Tragen kommen; erst recht, wenn man die Vorstädte, die *Banlieues*, mit in den Blick nimmt. Den reichen Vorstädten im Westen stehen die sehr problematischen Vorstädte im Norden und Osten gegenüber. In Gemeinden wie Saint-Denis, La Courneuve, Aulnay-sous-Bois, Clichy-sous-Bois oder Drancy konzentrieren sich soziale Brennpunkte. Hier treffen mehrere Entwicklungen zusammen: Ghettoisierung in den während der 1960er- und

70er-Jahre gebauten Schlafstädten vor den Toren von Paris, Drogenhandel, hohe Arbeitslosigkeit – insbesondere Jugendarbeitslosigkeit – sowie Brutstätten für islamistische Radikalisierung. Dem französischen Staat ist es über die letzten Jahrzehnte nie gelungen, diese Problemviertel wirklich in den Griff zu bekommen, trotz zahlreicher Pläne und eines nicht unerheblichen Einsatzes von öffentlichen Mitteln. Letztlich hat bisher ein wirksames Gesamtkonzept gefehlt, das alle Aspekte gleichermaßen in den Blick nimmt: Sicherheit, Stadtentwicklung, Wirtschaftsansiedlung, Aus- und Fortbildung sowie einen diskriminierungsfreien Umgang mit dem Islam, soweit er nicht in islamistische und gewalttätige Tendenzen abgerutscht ist.

Schaut man sich z. B. die Vorstadt Saint-Denis mit ihren über 110.000 Einwohnern an, stößt man auf eine in sich sehr vielschichtige Stadt vor den Toren von Paris. In der mittelalterlichen Basilika von Saint-Denis sind die französischen Könige beerdigt. Nicht weit davon ist das moderne große Stadion *Stade de France* errichtet worden und noch ein paar Straßen weiter im Stadtzentrum liegt das Haus, das die französische Polizei im November 2015 wenige Tage nach den schrecklichen Anschlägen vom 13. November gestürmt hat, da sich hier Unterstützer der Attentäter verschanzt hatten. Im südlichen Teil der Stadt – Richtung Paris – haben sich derweil große Unternehmen angesiedelt, während die nördlichen Stadtteile oft weiterhin in einem erbärmlichen Zustand sind. Vergleicht man die Arbeitslosigkeit etwa zwischen Paris (Ende 2019 bei 6,6 %) und dem nördlich angrenzenden *Département Seine-Saint-Denis* (Ende 2019 bei 11 %), so zeigt sich der große Abstand. Und in einzelnen Gemeinden des *Départements* ist die Arbeitslosigkeit noch einmal signifikant höher.

Okzitanien

Die Region Okzitanien liegt weit von Paris entfernt im Südwesten Frankreichs. Der heutige Name der Region geht auf die im Mittelalter im Süden Frankreichs gesprochene Okzitanisch zurück. Das Okzitanische hatte sich parallel zum (nördlich der Loire gesprochenen) Französischen aus dem Vulgärlatein entwickelt. Der Sprachraum des

Okzitanischen ging dabei weit über die Grenzen der heutigen Region hinaus. Schon unter Ludwig XIV. wurde das Okzitanische im Zuge der Zentralisierungstendenzen des französischen Absolutismus zurückgedrängt. Während der Revolution verlor es weiter an Bedeutung. Laut einer neueren Studie von Fabrice Beonissau[7] gibt es heute nur noch ca. 100.000 Muttersprachler. Trotzdem sind das Sprachwissen und die Pflege des Okzitanischen seit dem 19. Jahrhundert auch ein Ausdruck der regionalen Eigenständigkeit, der Distanz und der Abgrenzung gegenüber dem französischen Zentralstaat. Es ist jedenfalls bemerkenswert, dass sich dieser Name bei einer Volksbefragung 2016 als Name für die neue Region mit 44,9 % durchgesetzt hat.

In der heutigen Region Okzitanien gibt es mit Toulouse und Montpellier zwei konkurrierende Zentren – zwei alte Städte mit einer jeweils großen regionalen Ausstrahlung.
Toulouse ist heute als Sitz von Airbus ein industrielles Zentrum der Luft- und Raumfahrt und eine stolze Stadt mit einer weit zurückreichenden Geschichte. So erinnert sich die Stadt noch heute an die Albigenser Kriege Anfang des 13. Jahrhunderts, in deren Verlauf eine Armee des französischen Königs Toulouse belagerte und schließlich eroberte. Diese Eroberung führte 1229 im Vertrag von Paris zur Unterwerfung des Grafen von Toulouse und markierte das Ende der Unabhängigkeit der Grafschaft Toulouse, die zuvor ein großer Machtfaktor im Mittelmeerraum gewesen war und deren Gebiet sich von der Rhône bis nach Katalonien jenseits der Pyrenäen erstreckte; 1271 wurde die Grafschaft endgültig der französischen Krone eingegliedert.

Toulouse ist heute eine Stadt mit großen sozialen und ethnischen Spannungen. Auch in Toulouse gibt es in einigen Vororten soziale Brennpunkte, die im März 2012 traurige Bekanntheit erreichten, als ein islamistischer Attentäter eine Serie von Anschlägen verübte und dabei auch in eine jüdische Schule eindrang und dort ein Blutbad anrichtete. Die Anschläge von Toulouse führten landesweit zu einer großen Verunsicherung innerhalb der jüdischen Gemeinde und einer Auswanderungswelle nach Israel und Kanada.

---

7 *„Combien de locuteurs compte l'occitan"*, *Revue Linguistique Romane,* Bd. 76, S. 467–512, hier S. 493

Montpellier hingegen ist erst im Mittelalter entstanden, war aber schon früh eine wichtige Universitätsstadt. Hier entstand bereits im 13. Jahrhundert aus einer medizinischen Schule eine der ersten medizinischen Universitäten Europas. Der Schule, in der christliche, arabische und jüdische Einflüsse zusammenkamen, wurde 1289 vom Papst der Status einer Universität verliehen. Aber auch Montpellier wurde im Laufe seiner Geschichte von einem französischen König belagert und erobert, allerdings gut 400 Jahre später als Toulouse. Im Zuge der Religionskriege in Frankreich ließ Ludwig XIII. Montpellier 1622 belagern und erobern, da sich der protestantische Glaube nach der Reformation stark in Montpellier und seinem Umland ausgebreitet hatte. Die königliche Macht und der Sieg über die Protestanten wurden durch einen 1693 errichteten und bis heute existierenden Triumphbogen zu Ehren Ludwigs XIV. zum Ausdruck gebracht.

Marseille

Marseille ist eine uralte Stadt, die geprägt ist von sukzessiven Einwanderungswellen bis in die zweite Hälfte des 20. Jahrhunderts. Gegründet von griechischen Siedlern um das Jahr 600 vor unserer Zeitrechnung, ist Marseille heute die zweitgrößte Stadt Frankreichs. Marseille ist immer eine Handels- und Hafenstadt gewesen und ist es bis heute geblieben. Die Stadt ragt gewissermaßen aus der Region *Provence-Alpes-Côtes d'Azur* heraus – einer Region, die vielfältig und von großen Unterschieden geprägt ist. Hier will ich mich aber auf Marseille konzentrieren.

Zum Königreich Frankreich kam Marseille erst Ende des 15. Jahrhunderts durch die Eingliederung der Grafschaft Provence in das Königreich.

Die das Stadtbild bis heute am stärksten prägenden Einwanderungsbewegungen waren zunächst die der Italiener und Korsen im 19. Jahrhundert. Es folgten die Armenier zu Beginn des 20. Jahrhunderts. Dann kamen die ehemaligen französischen Siedler, aber auch viele Algerier und algerische Juden nach der Unabhängigkeit Algeriens 1962. Schließlich siedelten sich in Marseille viele Bewohner der Komoren nach deren Unabhängigkeit 1975 an. Es ist schwer, heute ein verlässliches Bild über die genaue religiöse Zusammensetzung der Stadtbevölkerung zu erlangen, da die Religionszugehörigkeit im laizistischen Frankreich bei Bevölkerungserhebungen nicht ermittelt wird. Das führt im Übrigen dazu, dass von politisch interessierter Seite gerade der Anteil der muslimischen Bevölkerung oft bewusst sehr hoch (zu hoch?) geschätzt wird. Bei einer Gesamtbevölkerung von gut 800.000 Einwohnern schwanken Schätzungen des muslimischen Bevölkerungsanteils zwischen einem Viertel und einem Drittel. Der Großteil der Marseiller Muslime ist maghrebinischen Ursprungs, meist aus Algerien; aber auch einige Zehntausend Einwanderer von den Komoren verstärken die muslimische Gemeinde. Die jahrtausendalte jüdische Gemeinde der Stadt ist eine der größten in Europa (nach Paris und London), die sich in den 1960er-Jahren durch den Zuzug vieler sephardischer Juden aus Algerien aber auch stark verändert hat. Schließlich gibt es noch heute eine bedeutende, mehrere Zehntausend Mitglieder umfassende armenische Gemeinde.

Marseille ist heute in arme nördliche Quartiere und reichere südliche Quartiere gespalten. Der Abstand zwischen Reich und Arm ist in keiner französischen Großstadt so groß wie in Marseille, auch weil es, anders als z. B. bei Paris, keine der Stadt vorgelagerten *Banlieues* gibt, sondern die Hochhaussiedlungen der 1960er- und 70er-Jahre innerhalb von Marseille errichtet worden sind. Diese in den nördlichen Vierteln der Stadt gelegenen Siedlungen sind für die Stadt und die Polizei schwer zu kontrollieren und zeichnen sich durch eine besonders hohe Armut, Drogenhandel, Clankriminalität und Perspektivlosigkeit für einen Großteil der Jugend aus.

Die Stadtentwicklung hat aber insbesondere entlang des Hafens in den letzten Jahren auch sichtbare Fortschritte gemacht. Dazu hat die Tatsache, dass Marseille 2013 Kulturhauptstadt Europas war, viel beigetragen. Dennoch: Es bleibt in Marseille noch viel zu tun. Es ist eine Stadt mit einem ganz eigenen Gesicht, dem Mittelmeer zugewandt und weit, weit weg von Paris und der dortigen Zentralregierung.

Die Bretagne

Die Bretagne ist vielen Deutschen von Reisen her vertraut. Die Eigenheiten der Bretagne sind überall sichtbar – schon an den zweisprachigen Ortsschildern, die davon Zeugnis ablegen, wie sehr die Bretagne an ihrer Regionalsprache hängt. Der Bretagne ist es auch gelungen, seit ihrer Angliederung an das Königreich Frankreich im Jahr 1532 unter François I. ihre ursprüngliche Gestalt mehr oder weniger zu bewahren. Dies sorgt auch heute noch dafür, dass die Bretagne für ihre Bewohner ein wirklicher Identifikationsfaktor geblieben ist, ganz anders als die meisten anderen heutigen Regionen. Jean-Yves Le Drian hat als langjähriger Regionalpräsident und Verteidigungsminister unter François Hollande mit dafür gesorgt, dass die Bretagne die Regionalreform 2015 „unbeschadet" überstanden hat. Darauf ist er auch heute als Außenminister unter Emmanuel Macron weiterhin stolz. Den Bretonen haftet der Ruf an, besonders rebellisch zu sein, was sich in den vielen Geschichten von Asterix und Obelix widerspiegelt, deren Dorf natürlich in der Bretagne liegt. So gehörte die Bretagne während der Revolution zu den Regionen, die sich am heftigsten gegen den neuen Staat gewehrt und vor allem der katholischen Kirche und ihren Ortspfarrern die Treue gehalten haben. In jüngerer Zeit hat sich die Bretagne dadurch ausgezeichnet, dass es hier, anders als im Rest Frankreichs, weder kostenpflichtige Autobahnen noch Kernkraftwerke gibt. Und die bretonischen Fischer und Bauern werden wegen ihrer oft massiven Protestaktionen bis in die Pariser Amtsstuben hinein gefürchtet.

Das Elsass

Das Elsass hat im Zuge der Kriege zwischen Deutschland und Frankreich zwischen 1870 und 1945 wiederholt den Herrn gewechselt. Die Wechsel zwischen deutscher und französischer Kontrolle gingen jedes Mal mit harten Anpassungsmaßnahmen einher. Die Elsässer waren in all diesen Jahren für die einen keine wirklichen Deutschen und für die anderen keine wirklichen Franzosen. Unterschwellige Verdächtigungen gegen sie bestanden auf beiden Seiten.

Historisch hat das Elsass oft andere Prägungen erfahren als große Teile Frankreichs, die bis heute nachwirken. Die Reformation zu Beginn des 16. Jahrhunderts hat das Elsass als Teil des Deutschen Reichs erlebt, mit Straßburg als einem Zentrum der Reformation. Bis heute gibt es in Straßburg und im Elsass eine große lutherische Gemeinde, während die große Mehrheit der Protestanten im restlichen Frankreich Calvinisten sind. Die starke Verwurzelung des Protestantismus im Elsass führte auch folgerichtig dazu, dass die Föderation der französischen Protestanten die zentralen Veranstaltungen zur 500-Jahr-Feier der Reformation im Herbst 2017 in Straßburg organisiert hat.

Auch das Verhältnis zwischen Staat und Kirche folgt im Elsass anderen Regeln. 1905, als in Frankreich das Gesetz über die Laizität erlassen wurde, gehörte das Elsass nicht zu Frankreich. Das im Elsass geltende Konkordat aus der napoleonischen Zeit wurde bei der Rückkehr des Elsass nach Frankreich nicht infrage gestellt, wodurch im Elsass bis heute konfessioneller Religionsunterricht auch in den öffentlichen Schulen angeboten wird. In den anderen Regionen Frankreichs ist so etwas undenkbar. Auch Deutsch wird – als Regionalsprache der Region – wesentlich stärker in den Schulen unterrichtet als irgendwo sonst in Frankreich. Das hat allerdings nicht verhindern können, dass der Gebrauch des Elsässischen im täglichen Leben zurückgeht.

Hinsichtlich seiner Wirtschaftsstruktur, die sich durch viele kleinere und mittlere Unternehmen in vielen, auch kleineren Ortschaften auszeichnet, ähnelt das Elsass Baden-Württemberg mehr als den angrenzenden französischen Regionen.

Dass das Elsass an seinen Besonderheiten festhält und auch politisch als Einheit wahrgenommen werden möchte, zeigte sich im Zusammenhang mit der Territorialreform von François Hollande 2015. Im Zuge dieser Reform ist das Elsass in einer größeren Region, „*Grand Est*“, aufgegangen und somit als territoriale Einheit von der französischen Landkarte verschwunden. Dies hat im Elsass viel Widerspruch provoziert. Schließlich ist es den Vertretern des Elsass gelungen, unter Präsident Macron ein weiteres Gesetz zu erwirken, mit dem eine neue territoriale Einheit aus den beiden elsässischen *Départments* gebildet wurde: *la Collectivité Européenne d'Alsace*. So ist es gelungen, das Elsass wieder auf der territorialen Karte Frankreichs als Einheit sichtbar zu machen, auch wenn es sich um recht schwach ausgeprägte eigene Kompetenzen handelt. Im Wesentlichen hat die neue Verwaltungseinheit Zuständigkeiten im Hinblick auf die grenzüberschreitende Zusammenarbeit sowie zur Förderung der Zwei- und Mehrsprachigkeit.

Elsässer haben im Ersten wie im Zweiten Weltkrieg sowohl in französischen als auch deutschen Uniformen gesteckt.[8] Etwa 130.000 Elsässer sind im Zweiten Weltkrieg von den Deutschen zwangsrekrutiert worden (die sogenannten *„Malgré-nous“*). Andere haben sich aber auch freiwillig Kampfverbänden der Wehrmacht oder der SS angeschlossen, was es aber auch in anderen französischen Landesteilen gab. Dafür standen die *„Division Charlemagne“* der SS und die *„Légion des volontaires français contre le bolchévisme“*. Dies hat gerade im Elsass Dörfer gespalten, teils Familien zerrissen.

Insofern war es eine besondere Geste, dass am 11. November 2018 im Rahmen der Gedenkveranstaltungen zum 100. Jahrestag des Endes des Ersten Weltkriegs in Straßburg die Staatspräsidenten Frankreichs und Deutschlands, Emmanuel Macron und Frank-Walter Steinmeier, an einer gemeinsamen Gedenkveranstaltung im Straßburger Münster teilgenommen haben. Damit wurde sichtbar, dass das Elsass heute nicht mehr „Zankapfel“ zwischen beiden Ländern ist, sondern seinen Beitrag zu Versöhnung und Austausch leistet. Heute ist das Elsass ist ein Bindeglied zwischen beiden Ländern.

8 siehe dazu Laurent Pfaadt, *„Nous étions des Malgré-nous. Des Alsaciens incorporés dans la Wehrmacht“*, Paris 2020

KAPITEL III:
1894–1906: Die Dreyfus-Affäre
Antisemitismus und die Rolle des französischen Judentums

Im Jahr 2019 drehte Roman Polanski einen neuen Film über die Dreyfus-Affäre. Der Film orientiert sich an den historischen Abläufen, über deren Gewichtung in der Filmerzählung man natürlich streiten kann, aber er macht auf jeden Fall sichtbar, was der eigentliche Skandal war: Als interne Untersuchungen beim Militär herausbrachten, dass der französische Offizier jüdischer Herkunft Alfred Dreyfus unschuldig verurteilt worden war, dass ein anderer den ihm zur Last gelegten Landesverrat begangen hatte, war das Militär unwillig und unfähig, Dreyfus aus eigener Kraft zu rehabilitieren. Das Schicksal eines einzelnen Juden wog ungleich weniger als die Anforderung, einen Fehler eingestehen zu müssen. Erst, nachdem der Fall öffentlich geworden war und das Land in einer über Jahre sich hinziehenden heftigen Auseinandersetzung spaltete, kam es – nach vielen Jahren – schließlich zur Rehabilitation Dreyfus'. Dabei hat ein wichtiger Teil der Öffentlichkeit aus ihren antisemitischen Motiven kein Geheimnis gemacht. Im Gegenteil: Die katholische Zeitung *La Croix* erklärte damals etwa, sie sei die am „stärksten antijüdische Zeitung Frankreichs". Auf der anderen Seite standen die Vertreter der Republik, Intellektuelle und Schriftsteller wie Émile Zola, der mit seinem Artikel *„J'Accuse …!"* („Ich klage an …!") die öffentliche Debatte ins Rollen gebracht hatte. Der sich im Zuge der Dreyfus-Affäre Bahn brechende Antisemitismus hatte seine Wurzeln in alten, katholisch-christlichen antijüdischen Vorurteilen, die sich mit einer Ablehnung der freimaurerisch-republikanischen Haltung verknüpften. Ihre Vertreter glaubten, in Dreyfus den Ausdruck der „jüdisch-freimaurerischen Weltverschwörung" zu erkennen.[9]

Dabei hatte es in Frankreich im Zuge der Revolution große – im europäischen Rahmen außergewöhnliche – Schritte zur Emanzipation der Juden gegeben. Mit dem Dekret vom 28. September 1791 wurden die Juden als vollwertige Bürger anerkannt.

9 Denis Pelletier, *Les catholiques en France de 1789 à nos jours*, Paris 2019, S. 127 ff

Die jüdische Bevölkerung Frankreichs lebte Ende des 18. Jahrhunderts – mit Ausnahme von geschätzt 500 bis 600 Personen in Paris – an den Rändern des Königreichs. 1394 hatte die Krone die Juden aus dem Königreich vertrieben. Erst mit den territorialen Zugewinnen der folgenden Jahrhunderte kamen wieder jüdische Gemeinden unter die Herrschaft der französischen Krone und wurden dort mehr oder weniger toleriert. Vor allem im Osten kamen durch die Gewinnung von Metz 1556, des Elsass 1648 und Lothringens 1766 jüdische Gemeinden zur französischen Krone. Von den ca. 40.000 Juden, die Ende des 18. Jahrhunderts in Frankreich lebten, lebte etwa die Hälfte im Elsass. Dabei handelte es sich um eine eher ärmliche jüdische Landbevölkerung. Die großen Städte wie Straßburg oder Colmar waren den Juden verschlossen. Eine zweite größere Gemeinde gab es im Südwesten des Landes. Anfang des 16. Jahrhunderts hatten sich aus Spanien und Portugal vertriebene Juden insbesondere in Bordeaux, aber auch in Bayonne angesiedelt. Sie wurden als „neue Christen" toleriert, hielten aber an ihrem alten Glauben fest. Zur Zeit der Revolution soll diese Gemeinde bis zu 5.000 Menschen umfasst haben. Schließlich gab es noch eine jüdische Gemeinde in der Provence (ca. 1.800 Personen). Hier hatten sie in der Gegend um Avignon in den päpstlichen Ländereien Zuflucht gefunden, wie auch viele Juden aus Marseille, nachdem die Grafschaft Provence Ende des 15. Jahrhunderts zur französischen Krone gekommen war. In Marseille hatte es seit der Antike jüdische Gemeinden gegeben.

Die rechtliche Emanzipation der Juden unter der Revolution ging einher mit weiterhin starken antisemitischen Strömungen in der Gesellschaft, die zusammen mit der antiklerikalen Ausrichtung der Revolution auch zu Ausschreitungen gegen Juden und Synagogen führten, gerade auch im Elsass.

Unter Napoleon folgte auf die rechtliche Emanzipation eine verstärkte Eingliederung von Juden in die Strukturen des Staats – manche sprechen von einer Assimilierung der jüdischen Bevölkerung. 1808 ordnete Napoleon nach langen Beratungen auch mit Vertretern der jüdischen Gemeinden eine neue Organisationsstruktur für das französische Judentum an. Voraussetzung war dabei, dass dieses sich klar zum neuen Staat und Kaiser bekannte. Napoleon schuf eine regionale Struktur von Konsistorien, deren Mitglieder von den jeweiligen Präfekten bestätigt werden mussten. Ein zentrales Konsistorium wurde in Paris eingerichtet. Die wenige Jahre zuvor von Napoleon geschaffene Organisation des französischen Protestantismus stand hierbei Pate. Obwohl eine solche zentrale und auf den Staat ausgerichtete Organisationsform den jüdischen Traditionen eigentlich fernliegt, haben sich diese Konsistorien über die Zeit erhalten. Seit dem Gesetz über die Laizität (siehe Kapitel 4) sind die Konsistorien als rein privatrechtliche Vereinigungen organisiert und erhalten keine staatlichen Subsidien mehr. Auch heute spielen sie noch eine wesentliche Rolle im Leben der jüdischen Gemeinde in Frankreich. Und noch heute bekunden die jüdischen Gemeinden in ihren Synagogen bei vielen Anlässen ihre Loyalität gegenüber dem französischen Staat.

Bemerkenswert ist eine Zählung der jüdischen Bürger, die Napoleon den Präfekten 1808 aufgetragen hatte. Sie bestätigte die aus der Zeit vor der Revolution bekannte regionale Verteilung. Auf die *Départements* verteilt kommt man zu folgendem Ergebnis:

Gironde (Bordeaux) 2.131, Landes (Bayonne): 1.198, Moselle (Metz): 6.506, Bas-Rhin: 16.155, Haut-Rhin: 9.915 – dagegen zählte man z. B. im *Département Ardennes* nur elf jüdische Einwohner und in der Dordogne sogar nur einen einzigen![10]

Ende des 19. und Anfang des 20. Jahrhunderts kommt es trotz der Dreyfus-Affäre zu einer größeren Einwanderungswelle osteuropäischer Juden, die vor den Pogromen in ihren Heimatländern flohen. Darunter sind viele Handwerker und Arbeiter, aber auch Künstler wie Marc Chagall. Viele kommen nach Paris und siedeln sich im Marais und dem Faubourg Saint-Antoine an.

Der langjährige Justizminister von François Mitterand, Robert Badinter, dessen Großeltern und Eltern aus Bessarabien um die Jahrhundertwende nach Frankreich eingewandert sind, hat in einem kürzlich erschienenen Buch seiner Großmutter Idiss ein bewegendes Denkmal gesetzt.[11] Er schildert die Umstände, die Schwierigkeiten, aber auch die immensen Hoffnungen, die diese Einwanderer mit nach Frankreich

10 Thierry Lentz, „*Napoléon et la politique d'assimilation des juifs*", in ders., *Nouvelle histoire du Premier Empire*, Band 3, *La France et l'Europe de Napoléon 1804–1814*), Paris 2007, S. 252–259

11 Robert Badinter, *Idiss*, Paris 2018

brachten. Dass mit Robert Badinter ein Enkel einer weitgehend ungebildeten Einwanderin aus Bessarabien zu einem der angesehensten Justizminister der letzten Jahrzehnte werden konnte, ist ein Beleg für die Integrationsbereitschaft dieser Einwanderer, aber auch für die Integrationsfähigkeit der französischen Gesellschaft. Diese Aufstiegsgeschichte zeigt auch, wozu das französische Bildungssystem fähig sein kann, wenn es auf interessierte und lernbereite Schüler trifft, die von ihren Eltern in der Schulzeit unterstützt werden.

Vor Beginn des Ersten Weltkriegs wird die jüdische Bevölkerung auf dem Gebiet des heutigen Frankreichs auf ca. 120.000 geschätzt, davon 30.000 im Elsass und im *Département Moselle*. Innerhalb Frankreichs wandern in dieser Zeit viele Juden vom Land in die großen Städte, nach Straßburg, nach Paris, nach Bordeaux oder nach Marseille. In diesen Städten entstehen um diese Zeit große Synagogen wie die *Synagogue de la Victoire* in Paris ab 1867.

Nach dem Krieg glaubten die Juden, endgültig in der französischen Gesellschaft angekommen zu sein. Sie hatten in der französischen Armee gedient und auch ihren Blutzoll im „Großen Krieg" (wie der Erste Weltkrieg noch heute in Frankreich heißt) gezahlt. Sie schauten eher skeptisch auf eine weitere Immigrationswelle aus Osteuropa in den 1920er- und 30er-Jahren. Die jüdische Bevölkerung wuchs dadurch rasch weiter an. 1930 wurde sie auf 200.000, 1940 bei Kriegsausbruch auf 300.000 geschätzt. Hinzu kamen über 100.000 Juden in den nordafrikanischen Kolonien, insbesondere in Algerien.

Die 1920er-Jahre sahen viele außergewöhnliche Persönlichkeiten aus der jüdischen Gemeinde in Frankreich herausgehobene Rollen einnehmen. Erwähnt seien beispielhaft die Bankiersfamilie Rothschild, ein führender Industrieller der Automobilwirtschaft wie André Citroën, der Luftfahrtpionier Marcel Bloch, später Marcel Dassault; und natürlich der erste jüdische Regierungschef Frankreichs, Léon Blum.

Mit der französischen Kapitulation und der deutschen Besatzung im Sommer 1940 begann eine vierjährige Leidenszeit der Juden in Frankreich. Dabei hat die Regierung in Vichy unter dem Marschall Pétain sowohl unter deutschem Druck als auch aus eigenem Antrieb an der Verfolgung und Deportation französischer Juden mitgewirkt. Der Direktor des *Mémorial de la Shoah* in Paris, Jacques Fredj, hat das in einer Monographie zum *Mémorial*[12] anhand vieler erschütternder Dokumente dargestellt und dabei das Geschehen in Frankreich in die größere Geschichte der Shoah eingeordnet. Die Regierung in Vichy hat nicht nur die jüdische Bevölkerung erfasst, sondern sie auch vom sozialen Leben in ganz Frankreich ausgeschlossen und sich mit den eigenen Ordnungskräften selbst aktiv an den Verhaftungswellen ab Sommer 1942 – auch im zunächst nicht von Deutschland besetzten Teil Frankreichs – beteiligt. Die erste große Verhaftungswelle in Paris (bekannt als „*la Rafle du Vél' d'Hiv'*", nach der Radsporthalle *Vélodrom d'Hiver* in Paris, in der die jüdischen Opfer zunächst zusammengetrieben wurden) fand am 16. und 17. Juli 1942 statt. Insgesamt wurden zwischen März 1942 und August 1944 aus Frankreich in 79 Eisenbahn-Konvois über 76.000 Juden deportiert. Nur 2.500 von ihnen überlebten die Vernichtungslager.

Die allermeisten Deportationen erfolgten über das etwa zehn Kilometer nordöstlich von Paris gelegene Durchgangslager in Drancy, das in seiner ursprünglichen Konstellation noch heute erhalten ist. Der als Lager genutzte U-förmige Hochhauskomplex ist nach dem Krieg – angesichts akuten Wohnungsmangels – wieder als Wohnraum genutzt worden. Heute wohnen hier großenteils Einwanderer aus dem Maghreb. Ein 2012 vor Ort errichtetes *Mémorial* vermittelt einen beklemmenden Eindruck von der Funktion dieses Durchgangslagers. Raphael Esrail, ein Auschwitz-Überlebender und der derzeitige Vorsitzende des französischen Auschwitz-Komitees, hat in seiner 2019 erschienen Biografie die Zustände in Drancy aus eigenem Erleben anschaulich beschrieben.[13]

Von besonderer Grausamkeit war die Deportation von 11.400 Kindern, die die Vichy-Regierung aus eigenem Antrieb hat durchführen lassen. Pierre Laval, seit April 1942 zum zweiten Mal Ministerpräsident der Vichy-Regierung, war ein entschiedener Vertreter einer umfassenden Kollaboration mit den deutschen Besatzern. Anfang Juli 1942 hat er die deutsche Besatzungsmacht ausdrücklich darum gebeten, auch Kinder unter 16 Jahren aus dem nicht besetzten Teil Frankeichs depor-

---

12 *Les Juifs de France dans la Shoah*, Paris 2011

13 Raphael Esrail, L'espérance d'un baiser. Le témoignage de l'un des derniers survivants d'Auschwitz, Paris 2017, S. 63–71; in deutscher Übersetzung: Die Hoffnung auf einen Kuss. Auschwitz, Liliane und ich, Berlin 2019).

tieren zu können; die jüdischen Kinder im besetzten Teil Frankreichs interessierten ihn nicht. Das entsprechende Telegramm, mit dem die deutschen Besatzungsbehörden dieses Ansinnen nach Berlin weitergaben, befindet sich im Archiv des *Mémorial de la Shoah* und ist 2014 in einer Dokumentensammlung veröffentlicht worden.[14]

Serge Klarsfeld hat diesen deportierten und zum allergrößten Teil ermordeten Kindern ein beeindruckendes und bewegendes Denkmal gesetzt. In einer monumentalen Publikation hat er dem Schicksal der Kinder nachgespürt, hat Fotos von ihnen gesammelt und ihre oft nur kurzen Lebensgeschichten dokumentiert. Damit hat er versucht, diese Kinder im Nachhinein der Anonymität des Massenmords zu entreißen.[15]

Drei Viertel der in Frankreich ansässigen Juden überlebten die Shoah. Sie verdankten dies ihrem Überlebenswillen, ihrer Widerstandskraft, aber auch der Unterstützung der französischen Bevölkerung. Die Bevölkerung verhielt sich anfangs gegenüber der antijüdischen Politik der Vichy-Regierung indifferent, teils auch zustimmend. Die alten antisemitischen Gefühle waren nicht verschwunden und die meisten Menschen kämpften selbst um ihr tägliches Leben oder gegen die deutschen Besatzer. Erst die großen Verhaftungswellen im Sommer 1942 lösten Widerspruch aus, auch von Teilen des katholischen Klerus und protestantischen Pastoren. Die jüdischen Widerstandsorganisationen wechselten im Sommer 1942 weitgehend in den Untergrund und bemühten sich mithilfe vieler einfacher Franzosen, aber auch Geistlicher – sowohl katholischer Pfarrer wie protestantischer Pastoren –, insbesondere die jüdischen Kinder entweder zu verstecken oder über die Schweizer Grenze in Sicherheit zu bringen.

Georges Loinger, 1910 im damals deutschen Straßburg geboren, hatte in den 20er- und 30er-Jahren im Elsass Hitlers Reden im Radio gehört und früh die Gefahr für die jüdische Bevölkerung gespürt. Als ich ihn 2016 im Alter von 105 Jahren kennenlernte, sprach er mit mir Deutsch, seine Muttersprache, und imitierte Hitlers Stimme, die er noch immer im Ohr hatte. Er engagierte sich im jüdischen Widerstand

---

14 *15 Documents de la Déportation.*, Paris 2014, *Editions du Mémorial de la Shoah*

15 siehe insb. Serge Klarsfeld, *Le Mémorial des Enfants Juifs déportés de France*, zweiter Band, Paris 2016; der Band dokumentiert auf über 1.800 Seiten eine Vielzahl einzelner Schicksale)

für ein jüdisches Kinderhilfswerk (OSE = *L'Œuvre de secours aux enfants*). Er brachte viele Kinder heimlich bei Annemasse über die Grenze in die Schweiz.[16] Bei der Verleihung des Bundesverdienstkreuzes im Sommer 2016 bedankte er sich mit den Worten, dass er diese Ehrung heute gerne von einem erneuerten, geläuterten Deutschland entgegennehme, das aus seiner Geschichte gelernt habe. Man kann angesichts des Wiedererstarkens des Antisemitismus in Deutschland und Frankreich nur hoffen, dass er damit Recht behalten wird. Georges Loinger sei hier stellvertretend für die vielen jüdischen Widerstandskämpfer gedacht, die sich aktiv für den Schutz der Kinder einsetzten oder gegen die deutsche Besatzung gekämpft haben. Viele von ihnen haben ihr Engagement mit dem Leben bezahlt.[17]

Von den Unterstützern der Juden sind viele in Yad Vashem als Gerechte unter den Völkern geehrt worden – Einzelpersonen wie der portugiesische Konsul in Bordeaux, aber auch ein ganzes Dorf, Le Chambon-sur-Lignon. Auf einer Hochebene im Zentralmassiv nicht weit von Le Puy gelegen, haben mehrere Ortschaften mit Le Chambon im Mittelpunkt Hunderte jüdischer Flüchtlinge versteckt. Der Bürgermeister, der örtliche Lehrer, die protestantischen Pastoren und viele Bürger haben sich hier aktiv engagiert. In einer Gegend, wo sich in früheren Jahrhunderten schon immer (vornehmlich protestantische) Flüchtlinge versteckt hatten, war die Solidarität mit den Verfolgten besonders ausgeprägt. Aber auch in anderen ländlichen Regionen Frankreichs fanden jüdische Flüchtlinge Zuflucht: im Südosten im *Département de la Drome*, im Westen im *Département de la Sarthe* oder im Südwesten im *Département du Tarn*.

Auch vor den ca. 130.000 in Algerien lebenden Juden hat die Verfolgung nicht haltgemacht. Auch in Algerien setzte die Vichy-Regierung ihre diskriminierenden Gesetze durch und verurteilte Juden zur Zwangsarbeit in entsprechenden Lagern. Anders als in dem von Deutschland besetzten Tunesien ist es hier allerdings zu keinen Deportationen gekommen. Erst 2018 wurde eine Vereinbarung zwischen der Bundesregierung und der *Jewish Claims Conference* getroffen, mit der die in Algerien verfolgten Juden in die Wiedergutmachungs-

16 Georges Loinger, *L'Odyssée d'un résistant. Témoignage d'un centenaire, enfant d'Alsace*, Nizza 2014
17 siehe Jacques Fredj, a. a. O., S. 144–159

programme aufgenommen worden sind. Diese vor allem als Geste geschätzte Zahlung an die Betroffenen ist in der französischen jüdischen Gemeinde mit viel Wohlwollen aufgenommen worden, sind doch die meisten Juden aus Algerien Anfang der 1960er-Jahre im Zuge der algerischen Unabhängigkeit nach Frankreich geflohen. Unter den heute fast 500.000 Juden in Frankreich stellen die aus Nordafrika stammenden Juden inzwischen mit 70 % die Mehrheit.

So stammen die derzeitigen Vorsitzenden der beiden zentralen jüdischen Organisationen Frankreichs aus Nordafrika. Francis Kalifat, der Präsident des CRIF (*Conseil représentatif des institutions juives de France*) – der politischen Organisation der jüdischen Gemeinde, die sich im Untergrund und im Widerstand gegen die deutschen Besatzer organisiert hatte –, ist 1952, noch vor der Unabhängigkeit, in Algerien geboren. Der CRIF ist auch heute weiterhin die politische Stimme der französischen Juden, die immer wieder auf die Lage in Frankreich hinweist und sich gegen den wieder anwachsenden Antisemitismus wendet. Joel Mergui, der derzeitige Präsident des zentralen Konsistoriums, das als Institution auf die Zeit Napoleons zurückgeht und die jüdische Religionsgemeinschaft repräsentiert, stammt aus Marokko, wo er 1958 geboren wurde.

Nach dem Ende des Zweiten Weltkriegs wollten die allermeisten Franzosen diese Zeit so schnell wie möglich hinter sich lassen. Die jüdischen Überlebenden und ihre Geschichte wollte man lange nicht hören.[18]

Gleichzeitig entstand in Frankreich mit der Keimzelle des heutigen *Mémorial de la Shoah* schon sehr früh eine privatrechtlich organisierte Institution von großer, in Deutschland bis heute unterschätzter Bedeutung. Das *Mémorial* geht auf die Weitsicht eines Juden aus Grenoble, Isaac Schneersohn, zurück, der schon ab 1942 während der Besatzung Dokumente sammelte, um die Judenverfolgung und Deportation für die Zeit nach dem Krieg und der deutschen Besatzung dokumentieren zu können. Aus diesen Anfängen ist bis heute eines der wichtigsten Archive zur Shoah entstanden, das für viele Forscher aus aller Welt von großer Bedeutung ist. Schon bei den Nürnberger Prozessen haben die Dokumente des *Mémorials* eine

18 siehe Raphael Esrail, a. a. O. S. 190–217

wichtige Rolle gespielt. In den folgenden Jahren hat insbesondere Serge Klarsfeld immer wieder durch Auswertung der Dokumente des *Mémorials* zur Verurteilung vieler Verbrecher aus der Nazizeit beigetragen. So sorgten der Prozess und die schließliche Verurteilung von Klaus Barbie, dem „Schlächter von Lyon", 1987 in Frankreich und weltweit für großes Aufsehen. Die Verurteilung kam auch deswegen zustande, weil Serge Klarsfeld mit einem Dokument aus den Beständen des *Mémorials* die persönliche Verantwortung von Barbie für die Verschleppung, Deportation und damit für die Ermordung der Kinder von Izieu nachweisen konnte. Am 6. April 1944 hat Klaus Barbie 44 Kinder und ihre Betreuer aus einem Heim in den französischen Voralpen verhaften lassen. Hier zeigt sich besonders deutlich, dass auch als die militärischen Niederlage sich abzeichnete, in Frankreich die Nazi-Verantwortlichen weiter Juden verschleppen und deportieren ließen. Auch Alois Brunner, der Lagerchef von Drancy, hat noch auf seiner Flucht nach Deutschland im August 1944 Juden verschleppt. Der letzte Konvoi aus Drancy vom 17. August, acht Tage vor der Befreiung von Paris, umfasste noch 51 Personen.

Darüber hinaus ist am Ort des späteren *Mémorials* im Pariser Marais schon 1956 eine Gedenkstätte für die ermordeten Juden errichtet worden – noch vor und mit Vorbildcharakter für Yad Vashem, da sich schon hier in Paris die Frage stellte, wie man in Übereinstimmung mit den jüdischen Traditionen der unzähligen namenlosen Toten gedenken könne. Heute befindet sich im Eingangsbereich des Mémorials eine Mauer, auf der die Namen aller aus Frankreich deportierten Juden eingraviert sind. Wegen der immer noch fortschreitenden Forschungsarbeiten wird diese Namenliste immer wieder aktualisiert. Zum letzten Mal wurde die Gedenkmauer mit ergänzten Namen am 27. Januar 2020 durch Präsident Macron neu eingeweiht.

Nicht zuletzt hat das *Mémorial* heute einen wichtigen Bildungsauftrag. Neben einer Dauerausstellung und regelmäßigen Wechselausstellungen engagiert es sich stark in der Schüler- und Lehrerausbildung. Hier geht es keineswegs nur um die Bewahrung der Geschichte, sondern um die Auseinandersetzung mit allen Formen von Antisemitismus und Rassismus gerade auch in der heutigen Welt.

Für die Haltung des französischen Staats gegenüber der Shoah war der entscheidende Einschnitt die Rede von Präsident Jacques Chirac am 16. Juli 1995, dem Jahrestag der ersten großen Pariser Verhaftungswelle. Chirac erkannte hier ausdrücklich die Mit-Verantwortung des französischen Staats für die Shoah an: etwas, das kein Präsident vor ihm getan hatte. Der Staat machte sich damit die Verbrechen der Vichy-Regierung zu eigen. So führte er aus:

> *„[...] ces heures noires souillent à jamais notre histoire [et sont injure à notre passé et a nos traditions]. Oui, la folie criminelle de l'occupant a été secondée par des Français, par l'Etat français"*
>
> In deutscher Übersetzung:
>
> *„Diese Stunden der Finsternis besudeln für immer unsere Geschichte. Der kriminelle Wahn der Besatzer wurde von Franzosen unterstützt, vom französischen Staat."*

Infolge dieses Bekenntnisses kam es in der französischen Gesellschaft und Öffentlichkeit zu einem wesentlich offeneren Umgang mit den antijüdischen Verbrechen der Vichy-Zeit. So entstand im Jahr 2000 die *Fondation pour la Mémoire de la Shoah*. Die Stiftung wurde mit einem Stiftungskapital von knapp 400 Millionen Euro ausgestattet. Diese Mittel brachten der französische Staat und französische Finanzinstitute ein. Es handelte sich um den Gegenwert von Vermögen jüdischer Bürger, die nicht an Erben restituiert worden waren. Eigenes Geld gab der französische Staat nicht dazu. 2012 und 2015 wurden Gedenkstätten in ehemaligen Lagern im Süden Frankreichs eingeweiht, u. a. im *Camp des Milles* bei Aix-en-Provence, in dem auch viele vor den Nazis nach Frankreich geflüchtete deutsche Intellektuelle zeitweilig inhaftiert waren. Lion Feuchtwanger hat über seine Haft im *Camp des Milles* nach dem Krieg ein Buch mit dem vielsagenden Titel *„Der Teufel in Frankreich"* veröffentlicht, das die Erfahrungen der Haft autobiographisch verarbeitet.

2015 wurde in Rivesaltes bei Perpignan eine Gedenkstätte eingeweiht. Die Schweizer Krankenschwester Friedel Reiter hatte sich ein Jahr lang im dortigen Lager insbesondere um die Kinder gekümmert und später ihr Tagebuch veröffentlicht, in dem sie das Erlebte Tag für Tag notiert hatte.[19]

19 Friedel Bohny-Reiter, *Journal de Rivesaltes 1941–1942*, Genf 2010

Antisemitismus ist aber in Frankreich – ebenso wie in Deutschland und anderen Ländern – leider nicht nur ein Thema der Vergangenheit. Den französischen Juden macht heute insbesondere der radikale islamistische Antisemitismus schwer zu schaffen. Jüdische Einrichtungen und Menschen jüdischen Glaubens sind 2012 und 2015 gezielt Opfer islamistischen Terrors geworden. Aber auch andere antisemitische Akte nehmen stark zu und es gibt heute eine spürbare Verunsicherung in der jüdischen Gemeinde Frankreichs; einzelne sind nach Israel oder Kanada ausgewandert. Und selbst im Präsidentschaftswahlkampf 2017 machten einige nicht davor Halt, Emmanuel Macron, der eine Zeit lang für die Bank Rothschild gearbeitet hatte, mit alten antijüdischen Stereotypen zu verunglimpfen.

Und dennoch: In Frankreich lebt heute die größte jüdische Gemeinde Europas und die größte Gruppe von Überlebenden der Shoah außerhalb von Israel und den Vereinigten Staaten von Amerika.

KAPITEL IV:
1905: Das Gesetz zur Trennung von Staat und Kirche
Laizität, Religionsfreiheit, Antiklerikalismus und Emanzipation

Am 9. Dezember 1905 wird das Gesetz über die Trennung von Staat und Kirche verkündet. In seinen beiden ersten Artikeln bringt es die neue Grundlage für die Beziehungen von Staat und Kirche unmissverständlich auf den Punkt:

> Artikel 1: *„La République assure la liberté de conscience. Elle garantit le libre exercice des cultes."*
> *„Die Republik gewährleistet die Gewissensfreiheit und garantiert die freie Glaubensausübung."*
> Artikel 2: *„La République ne reconnaît, ne salarie ni ne subventionne aucun culte."*
> *„Die Republik erkennt keine Religionsgemeinschaft an und unterstützt die Religionsgemeinschaften weder finanziell noch durch die Zahlung von Gehältern."*

Das Gesetz ist das Ergebnis einer langwierigen Auseinandersetzung in der Dritten Republik, in deren Verlauf die Exponenten der Republik den Einfluss der katholischen Kirche Zug um Zug zurückdrängten. Eine erste Auseinandersetzung betraf die Schule und führte unter Jules Ferry zu Beginn der 1880er-Jahre zur Einführung einer laizistischen öffentlichen Schule. Eine weitere politische Auseinandersetzung lieferten sich die Vertreter der Republik und die Verfechter des Katholizismus im Rahmen der Dreyfus-Affäre.

Das Gesetz von 1905 brachte diese Auseinandersetzungen nach längeren Beratungen an ihren vorläufigen Endpunkt, der auch heute noch Bestand hat. Nachdem zunächst ein wesentlich härterer, im Kern antiklerikaler Entwurf des langjährigen Ministerpräsidenten Émile Combes gescheitert war, brachte Aristide Briand in einem zweiten Versuch das noch heute gültige Gesetz mit viel Geschick durch das Parlament. Das Gesetz verbindet den liberalen Gedanken der Gewissens- und Religionsfreiheit mit einer klaren Trennung von Kirche und Staat. Danach dauerte es noch bis 1924, bis eine Verständigung mit der katholischen Kirche auf der Grundlage des neuen Gesetzes gefunden werden konnte. Die Auseinandersetzung wurde allerdings während des

Ersten Weltkriegs im Geiste der *Union sacrée* (der „Heiligen Union" – der Einheit des Staates und der Gesellschaft angesichts des äußeren Feindes) zurückgestellt.

Protestanten und Juden, für die das Gesetz in der französischen Geschichte zum ersten Mal zu einer formalen Gleichberechtigung mit den Katholiken führte, haben sich mit dem Gesetz einverstanden erklärt, zu dessen Erarbeitung und parlamentarischer Durchsetzung gerade auch protestantische Abgeordnete wesentlich beigetragen hatten. Neben den Protestanten und Juden standen auch die französischen Freimaurer aufseiten der radikalen Republik. Die Vertreter dieser Gruppen gehören auch heute noch – aus unterschiedlichen Gründen – zu den Verfechtern des Gesetzes.

Die Verfechter der Republik suchten die Auseinandersetzung mit der katholischen Kirche aus zwei Gründen. Zum einen sahen sie in der katholischen Kirche auch eine revisionistische, letztlich monarchistische Kraft, die auf die Wiederherstellung der Monarchie zielte. Zum anderen ging es ihnen darum, den Einfluss des Vatikans auf die Geschichte in Frankreich zurückzudrängen. Dieser externe Einfluss war ihnen ein Dorn im Auge. Auf Seite der katholischen Kirche berief man sich auf die bis 1905 geltende Grundlage für die Beziehungen zwischen Kirche und Staat in der Vereinbarung, die Napoleon mit dem Heiligen Stuhl im Konkordat von 1801 getroffen hatte. Dass der französische Staat diese Vereinbarung durch ein einseitiges Vorgehen in Form eines einfachen französischen Gesetzes aufkündigte, war für die Kirche nicht akzeptabel. Schon 1904 war es zum Abbruch der diplomatischen Beziehungen zwischen der Französischen Republik und dem Heiligen Stuhl gekommen. Diese Beziehungen wurden erst 1921 wieder aufgenommen und führten schließlich 1924 zu einer Vereinbarung, in deren Rahmen der französische Staat spezifische Organisationsformen der katholischen Diözesen anerkannte, während die katholische Kirche das Gesetz von 1905 als Grundlage für die Beziehungen zwischen Staat und Kirche anerkannte.

Um die Bedeutung des Einschnitts von 1905 zu verstehen, muss man sich vor Augen führen, wie die Beziehungen zwischen Staat und Kirche unter dem Konkordat von 1801 geregelt waren. Dabei galten die Regeln des Konkordats für die folgenden vier Religionsgemeinschaften: die katholische Kirche, die lutherische Kirche (im Wesentlichen im Elsass und in Lothringen), die reformierte Kirche und die jüdische Religionsgemeinschaft. Die wichtigsten Elemente des Konkordats bestanden darin, dass der Staat einerseits die Enteignungen aus der Zeit der Revolution nicht zurücknahm, andererseits aber den Pfarrern, Pastoren und Rabbinern sowie den Bischöfen angemessene Gehälter zahlte. Diese Zahlungen waren also so etwas wie eine Entschädigung für die Enteignung des früheren Kirchenbesitzer. Ferner spielte der Staat bei der Bestellung der Bischöfe eine wichtige Rolle. In der Praxis bedurfte es für die Einsetzung von Bischöfen eines Einvernehmens zwischen Heiligem Stuhl und französischer Regierung; dieses Erfordernis eines Einvernehmens entwickelte sich in der Dritten Republik zunehmend zu einer Quelle für Auseinandersetzungen zwischen Staat und katholischer Kirche. Schließlich behielt die Kirche unter dem Konkordat einen wesentlichen Bildungsauftrag, dem der Staat nach der Revolution auch praktisch nicht viel entgegensetzen konnte. Auch dies änderte sich erst in der Dritten Republik.

Die mit dem neuen Gesetz von 1905 beschlossene Beendigung der Zahlungen des Staats für Bischöfe und Pfarrer empfand die katholische Kirche als eine zweite Enteignung. Nicht genug, dass der Staat die enteigneten Kirchengüter behielt, nun setzte er auch noch per einseitigem Beschluss die 1801 vereinbarte Entschädigung der Kirche in Form der Zahlung der Gehälter aus.

Seit 1905 sind der Staat und seine territorialen Gliederungen, vor allem die Gemeinden, für den Unterhalt der Kirchen verantwortlich, jedenfalls für alle vor 1905 errichteten Gotteshäuser. Das schafft heute eine erhebliche Ungleichbehandlung im Verhältnis zum Islam, da es vor 1905 keine Moscheen auf dem französischen Festland gab. So stieß z. B. die erforderliche Restaurierung einer katholischen Kirche in Clichy-sous-Bois, einem nördlich von Paris gelegenen Vorort, auf wenig Verständnis bei der heute überwiegend muslimischen Bevölkerung der Gemeinde. An dem Unterhalt der Moscheen im Ort darf die Gemeinde sich nicht beteiligen: in den Augen der Muslime eine nicht nachzuvollziehende Diskriminierung. Der Verweis auf das Gesetz von 1905 vermag sie kaum zu überzeugen. Aber auch die katholische Kirche hat zum Beispiel die in den 1990er-Jahren in Evry neu errichtete Kathedrale mit eigenen Mitteln und ohne staatliche Zuschüsse finanzieren müssen. Dennoch gibt es über das Land verteilt unzählige Kirchen, um die sich die oft kleinen Gemeinden mit erheblichem finanziellen Aufwand kümmern müssen – Kirchen, die zugleich von den Gläubigen immer weniger besucht werden.

In der politischen Auseinandersetzung ist das Gesetz von 1905 weiterhin ein dominantes Thema, das insbesondere durch die Ausbreitung des Islams und den islamistischen Terror der letzten Jahre neue Brisanz gefunden hat.

Dabei trifft man in der heutigen Debatte noch die beiden Hauptströmungen der Debatte von 1904/05 an. Auf der einen Seite stehen die, für die das Gesetz vor allem eine antiklerikale Stoßrichtung hat. Für diese Denkschule ist das Gesetz noch heute so etwas wie der Ausdruck einer neuen „Staatsreligion“. Die Laizität hat in ihrer Vorstellungswelt die katholische Religion als Staatsreligion abgelöst und die Republik muss weiterhin darauf achten, auch alle anderen Religionen, heute insbesondere den Islam, im Namen der Laizität in die Schranken zu weisen. Dahinter steht ein auf die Aufklärung zurückgehendes Menschenbild: Erst die Vernunft *(la raison)* macht den Menschen wirklich frei (auch von kirchlichen Einflüssen) und die Republik zu einer wahrhaft laizistischen. Prominenter Verfechter dieser Auffassung war zuletzt der zweite Premierminister von François Hollande, Manuel Valls, dem immer wieder eine Nähe zu den Freimaurern nachgesagt wird – zu einer noch heute einflussreichen Freimaurerei, die über die politischen Grenzen hinweg weiterhin von einer aufklärerischen, antiklerikalen Grundüberzeugung getragen wird.

Auf der anderen Seite steht eine zweite Schule, die, der Tradition von Aristide Briand folgend, den Schwerpunkt auf die Glaubens- und Gewissensfreiheit legt. Hier finden sich auch die Vertreter der protestantischen Kirchen und der jüdischen Glaubensgemeinschaft wieder. Sie sehen in der Laizität die Grundlage dafür, dass jeder Mensch seinen Glauben leben kann und der Staat sich den verschiedenen Glaubensgemeinschaften gegenüber neutral verhält. Es ist demnach also Aufgabe des Staats, die Neutralität des öffentlichen Raums zu garantieren, was immer wieder zu hitzigen Debatten führt. Nach jahrelangen Auseinandersetzungen, politischen Provokationen und mehreren Berichten unterschiedlicher Kommissionen setzte Nicolas Sarkozy 2004 noch als Innenminister in einem stark umstrittenen Gesetz das Verbot des Tragens des islamischen Kopftuchs in den öffentlichen Schulen durch. 2010 folgte das Verbot der Burka, der Ganzkörperverschleierung, im öffentlichen Raum. Der Versuch einiger Gemeinden, im Sommer 2016 das Tragen eines Ganzkörperbadeanzugs (des „Burkini") an französischen Stränden zu verbieten, scheiterte dagegen an einer Entscheidung des französischen Staatsrats, des obersten Verwaltungsgerichts des Landes. Der Staatsrat entschärfte auch den Streit um die Frage, ob in öffentlichen Gebäuden um die Weihnachtszeit Krippen aufgestellt werden dürfen. Er ließ die Aufstellung von Krippen in Rathäusern mit dem Argument zu, dass es sich um ein kulturelles Erbe handele. Hier gehe es also nicht um die Ausübung eines Glaubens, sondern um die Zurschaustellung einer kulturellen Tradition. Ob der Staatsrat mit dieser feinen Unterscheidung die Mehrheit der Franzosen erreicht hat, kann man bezweifeln.

Ein prominenter Vertreter der zweiten Denkschule ist Jean-Louis Bianco, langjähriger Generalsekretär des *Elysée* unter François Mitterrand, der das 2007 eingerichtete *Observatoire de la laïcité* leitet, das direkt dem Amt des Premierministers zugeordnet ist. Das *Observatoire* hat in den aufgeheizten Debatten nach den islamistischen Terroranschlägen der Jahre 2015/16 versucht, durch praktische Hinweise etwa für Unternehmen und Schulen Brisanz aus der Debatte zu nehmen. Manuel Valls und Jean-Louis Bianco haben in dieser Zeit auch öffentlich aus ihren unterschiedlichen Sichtweisen kein Geheimnis gemacht.

Eine von diesen beiden Schulen ohne jeden Vorbehalt befürwortete Beschränkung der freien Religionsausübung ist die Aufrechterhaltung der öffentlichen Ordnung *(l'ordre publique)*, für die der Staat Verantwortung trägt. Der Staat muss sie nötigenfalls auch mit seinen Ordnungskräften durchsetzen. So ist es seit 2015 vermehrt zu staatlich verordneten Schließungen von radikal islamistischen und salafistischen Moscheen und Gebetshäusern gekommen. Hierbei muss der Staat einen schwierigen Spagat bewältigen: Einerseits wird die Religionsausübung durch das Gesetz von 1905 der privaten Sphäre zugeordnet, andererseits muss der Staat über genügend Informationen verfügen, um rechtzeitig eingreifen und gegen die öffentliche Ordnung gerichtete Angriffe abwehren zu können. Im Rahmen der Prävention von Terrorakten hat der Staat hier seine Bemühungen in den letzten Jahren deutlich verstärkt.

Heute gilt das Gesetz von 1905 weithin als das „Glaubensbekenntnis" des republikanischen Staats, auch wenn nicht alle das Gleiche mit ihm verbinden. Das Gesetz ist damit praktisch nicht mehr änderbar. Ein Versuch von Präsident Macron ist ebenso im Sande verlaufen wie frühere Bemühungen. Denn weder die Vertreter einer strengen Laizität noch die Vertreter der unterschiedlichen Religionsgemeinschaften wollen Änderungen zulassen. Beide Seiten befürchten, dabei Terrain zu verlieren. So werden sich die unterschiedlichen Denkschulen und Interpretationen des Laizitätsgesetzes in den politischen und intellektuellen Debatten Frankreichs sicher noch für einige Zeit gegenüberstehen.

Schaut man auf das konkrete Verhältnis zwischen Staat und Kirche heute, über hundert Jahre nach der Verabschiedung des Gesetzes von 1905, so sieht man bei der Betrachtung der verschiedenen Religionsgemeinschaften sehr unterschiedliche Situationen. Im Folgenden sei deswegen gesondert auf die heutige Stellung der katholischen Kirche, der protestantischen Kirchen und des Islams eingegangen (die Stellung des Judentums im heutigen Frankreich habe ich bereits im vorigen Kapitel behandelt). Katholiken, Protestanten und Juden haben sich mit dem Gesetz von 1905 auf unterschiedliche Art und Weise arrangiert. Die eigentlich brisante Frage ist heute das Verhältnis des Staats zum Islam.[20]

Der Katholizismus

Denis Pelletier[21] stellt fest, dass die Französische Republik aus der Auseinandersetzung mit der katholischen Kirche hervorgegangen ist. Diese Auseinandersetzung beginnt auf intellektueller Ebene bereits im Zuge der Aufklärung im 18. Jahrhundert und erreicht ihren

20 Literaturhinweis: Zur Laizität allgemein siehe Ramu de Bellescize, *Droit des Cultes et de la Laïcité*, Paris 2017

21 *La Vierge et la République. Les catholiques en France de 1789 à nos jours*, Paris 2019, S. 302

ersten Höhepunkt während der Revolution. Der zweite Höhepunkt liegt in der Dritten Republik und im Gesetz über die Trennung von Staat und Kirche findet die Auseinandersetzung 1905 ein vorläufiges Ende.

Bei Ausbruch der Revolution 1789 ist der ganz überwiegende Teil der französischen Bevölkerung katholisch.[22] Die Religion ist allgegenwärtig und prägt den Alltag der Menschen, bis ins letzte Dorf. Der Klerus umfasst ca. 170.000 Personen. Davon gehören ungefähr 80.000 Männer und Frauen den verschiedenen Orden an. Weitere ca. 30.000 Personen gehören entweder den Domkapiteln an oder sind Inhaber von kirchlichen Ämtern und Pfründen. Damit verbleiben neben den 139 Bischöfen unter dem *Ancien Régime* 60.000 Pfarrer, die sich im ganzen Land um das tägliche Leben der Gläubigen kümmern. Ein Pfarrer kommt also im Schnitt auf 500 Menschen: Jedes noch so kleine Dorf hat seinen Pfarrer.

In der Revolution zerfällt der Klerus sehr schnell in unterschiedliche Strömungen und Tendenzen. Ein Teil des hohen Klerus fühlt sich dem Adel und dem König näher – schon von Geburt her. Ein Teil der Ortspfarrer und anderen Geistlichen vertraten die Anliegen des Dritten Stands und hegte durchaus Sympathie für die revolutionären Anliegen, auch weil sie die weitverbreitete Misere auf dem Land kannten und als Ortspfarrer oft teilten. So zerfällt der Klerus unter dem Druck der Revolution in einen Teil, der sich der Revolution anschließt und bereit ist, den Schwur auf die neue Verfassung abzulegen *(le clergé constitutionnel)*, und einen Teil, der diesen Schwur ablehnt *(le clergé réfractaire)*. Im Laufe der Revolutionsjahre wird die Auseinandersetzung mit den Regionen, die sich mehrheitlich gegen die neue Verfassung gestellt haben, zu einem Bürgerkrieg, dem auch viele Pfarrer zum Opfer fallen.

Der Anteil des Klerus, der sich der Unterwerfung unter den neuen Staat verweigert, ist am höchsten in den eher entlegenen Regionen des Landes: in der Bretagne, überhaupt im Westen, insbesondere in der *Vendée*, aber auch im Zentralmassiv, das schwer zu erreichen und rebellisch ist, im Elsass und in Lothringen. Dagegen schließt sich der Klerus im zentralen Frankreich – vom Pariser Becken über das *Limousin*

22 siehe Denis Pelletier, a. a. O., S. 17 ff.

bis hin nach Bordeaux – mehrheitlich der Revolution an. Interessanterweise sind dies eben die Regionen, in denen die religiöse Praxis bereits vor der Revolution zurückgegangen war und die bis heute am stärksten von dem Phänomen der De-Christianisierung betroffen sind. Dagegen sind die Regionen, in denen der Widerstand gegen die Revolution dominierte und erst in den Revolutionskriegen gebrochen werden konnte – oft auf brutale Weise –, bis heute die Regionen mit der höchsten Zahl von praktizierenden Katholiken und mit den meisten katholischen Privatschulen. Die Spaltung des Landes entlang dieser Bruchlinie aus der Revolutionszeit hat also bis heute tiefe Spuren hinterlassen.

Napoleon hat verstanden, dass die Befriedung des Landes und der Gesellschaft eine Befriedung des Streits mit der Kirche erforderte. Angesichts äußerer Bedrohungen war es für Napoleon vor allem eine Frage der Staatsräson und des Pragmatismus, hier zu einer Lösung zu kommen. So schließt Napoleon 1801 ein neues Konkordat mit dem Papst, nachdem das bis dahin geltende Konkordat aus dem Jahr 1516 in der Revolution aufgekündigt worden war. In dem Konkordat von 1801 wird der katholische Glaube zwar nicht mehr als Staatsreligion, aber als die Religion der großen Mehrheit der Franzosen anerkannt. Die Diözesangrenzen werden neu gezogen und damit die Anzahl der Bischöfe deutlich verringert. Ferner übernimmt der Staat die Finanzierung des Klerus im Gegenzug zu einem Treuebekenntnis des Klerus zur neuen Verfassung. Das napoleonische Konkordat mit seinen Grundprinzipien regelt dann das Verhältnis zwischen Staat und Kirche bis 1905.

Nur im Elsass und dem *Département Moselle* gilt das Konkordat noch heute. Beide Landesteile gehörten 1905 nicht zur Französischen Republik. Beiden wurde bei der Rückkehr nach Frankreich nach dem Ersten Weltkrieg zugesichert, ihre bestehenden Rechte bewahren zu können. So bezahlt der französische Staat noch heute die Priester, Pastoren und Rabbiner in den *Départements* des Elsass und im *Département Moselle*. Hier gibt es auch in den staatlichen Schulen konfessionellen Religionsunterricht und an der staatlichen Universität in Straßburg kann man katholische und protestantische Theologie studieren. Alle Versuche, im Laufe der letzten Jahrzehnte diesen Sonderstatus abzuschaffen, sind immer wieder am Widerstand aus der Region gescheitert. Ein letzter Versuch ist 2013 vor dem Verfassungsrat gescheitert, der die Verfassungsmäßigkeit dieser Ausnahmeregelungen ausdrücklich anerkannt und als im Einklang mit dem Prinzip der Laizität stehend beurteilt hat. Allerdings bleibt es bei einem regionalen Sonderstatus, der nicht über diese *Départments* hinaus ausgedehnt werden kann.

Aber wie steht es heute, in einer sich immer weiter de-christianisierenden Gesellschaft, um den Katholizismus? Wenn man die Ausführungen von Denis Pelletier (a. a. O., S. 302) zur Bedeutung der Auseinandersetzung mit der katholischen Kirche für die Entstehung der Republik noch einmal aufnimmt und sich die Entwicklung der Verhältnisse seit dem Ende des Zweiten Weltkriegs anschaut, dann ist der Katholizismus auf dem Weg, eine Minderheit in Frankreich zu werden. Anders ausgedrückt: Der Republik kommt allmählich ihr Lieblingsgegner abhanden. 1961 bezeichneten sich noch 85 % der Franzosen als Katholiken, 11 % als ohne Religionszugehörigkeit. 1987 war das Verhältnis 75 % zu 21 % und 2016 schließlich 51 % zu 39 %. Das ist Teil einer sehr bedeutenden Entwicklung, die auch den Katholizismus selbst verändert, z. T. auch radikalisiert.

Jérôme Fourquet hat in seinem Buch *L'Archipel français* (Paris 2019) diese Veränderungen anhand demoskopischer und soziologischer Erhebungen über die letzten Jahrzehnte nachgezeichnet (siehe S. 21–36). Einige interessante Ergebnisse seiner Studie:

1. Von den heute über 50-Jährigen sind noch um die 89 % getauft, von den 18- bis 24-Jährigen nur noch 65 %.
2. 1961 gaben noch 31 % der Bevölkerung an, jeden Sonntag in die Kirche zu gehen, 2012 nur noch 6 %.
3. Der Vorname Marie, als der katholische Vorname par excellence, hat sehr stark an Bedeutung verloren. Um 1900 trugen ihn 20 % der neugeborenen Mädchen. 2016 sind es nur noch 0,3 %.

Mit diesen Veränderungen im Verhältnis der Franzosen zum Katholizismus geht eine dramatische Verringerung der Anzahl katholischer Priester einher. Noch 1950 umfasste der Klerus bei einer insgesamt gewachsenen Bevölkerung ungefähr genauso viele Personen wie am Vorabend der Revolution: 177.000. 2015 umfasste der Klerus nur noch 51.500 Personen. Angesichts des hohen Durchschnittsalters der Priester und des geringen Nachwuchses verringert sich die Zahl derzeit um 400 bis 500 pro Jahr. In weiten Landstrichen sind die Dorfkirchen verwaist, die Priester oft für drei, vier oder noch mehr Gemeinden gleichzeitig zuständig und dabei geht der Zulauf zur sonntäglichen Messe immer weiter zurück.

Auf der anderen Seite entwickelte sich im selben Zeitraum ein vor allem in Gesellschaftsfragen deutlich konservativerer Katholizismus. Gegen das Gesetz zur Einführung der gleichgeschlechtlichen Ehe unter François Hollande 2013 gab es eine starke, von traditionellen katholischen Vorstellungen geprägte öffentliche Protestbewegung („*Manif pour tous*" als Antwort auf „*mariage pour tous*"). Die daraus hervorgegangene politische Bewegung „*Sens commun*" hat denn auch François Fillon im Präsidentschaftswahlkampf vorbehaltlos unterstützt, hatte dieser sich doch klar zu seinem christlichen Glauben bekannt und zu der Tatsache, dass dieser auch auf seine politische Einstellung Einfluss habe. Dafür ist Fillon aus allen politischen Lagern, von links außen bis rechts außen, zum Teil heftig kritisiert worden. Die Vermischung von persönlichem Glauben und der Rolle eines – der Laizität verpflichteten – möglichen Staatspräsidenten wurde als Grenzüberschreitung gesehen. François Fillon ist sicher nicht nur deswegen 2017 im ersten Wahlgang gescheitert. Doch in der Europawahl 2019 stützte sich der Spitzenkandidat der Republikaner, François-Xavier Bellamy, erneut besonders stark auf dieses Lager – und erreichte am Ende nur etwas mehr als 8 % der Stimmen. Spätestens mit diesem Wahlergebnis wurde deutlich, dass man im heutigen Frankreich auf dem konservativen Katholizismus keine Mehrheit im Land mehr bauen kann. Die Demoskopen schätzen dieses Wählerpotenzial heute auf unter 10 %.

Frühere Präsidenten wie Charles de Gaulle, Georges Pompidou oder Valéry Giscard d'Estaing haben aus ihrem katholischen Glauben zwar nie ein Geheimnis gemacht, ihren Besuch der Messe aber immer als Privatangelegenheit verstanden. Nahmen sie in ihrer Funktion als Staatspräsident an einer Messe teil, dann nahmen sie selbstverständlich nicht am Abendmahl teil. So kam es zu der bemerkenswerten Szene bei der deutsch-französischen Versöhnungsmesse in der Kathedrale von Reims 1962, wo zwar Bundeskanzler Konrad Adenauer, aber nicht Staatspräsident Charles de Gaulle am Abendmahl teilnahm.

Auch scheiterte bei den Verhandlungen zum Verfassungsvertrag der Europäischen Union in den Jahren 2002/03 die Verankerung eines Gottesbezugs in dem europäischen Verfassungsvertrag an der kategorischen Ablehnung von Jacques Chirac. Von der deutschen Politik war der Gottesbezug gewünscht, was angesichts der einleitenden Worte des Grundgesetzes – „Im Bewusstsein seiner Verantwortung vor Gott und den Menschen, von dem Willen beseelt, als gleichberechtigtes Glied in einem vereinten Europa dem Frieden der Welt zu dienen, hat sich das deutsche Volk Kraft seiner verfassungsgebenden Gewalt dieses Grundgesetz gegeben“ – auch keine Überraschung war. Dem stand der Grundsatz der Laizität in der französischen Verfassung gegenüber, deren erster Artikel lautet: *„La France est une République indivisible, laïque, démocratique et sociale“.*

Emmanuel Macron hat im April 2018 eine vielbeachtete Rede vor den katholischen Bischöfen Frankreichs gehalten. Dabei ist er von der Linie des republikanischen Staatsverständnisses nicht abgewichen, hat aber dafür plädiert, das beschädigte Verhältnis zwischen Staat und katholischer Kirche zu heilen. Schon damit stieß er auf viel Gegenwind in der Gesellschaft. Manche fanden schon den Auftritt vor den Bischöfen zu viel, obwohl Macron auch schon bei jüdischen und protestantischen Veranstaltungen aufgetreten war. Andere verstanden das Angebot, die Beziehungen zu heilen, als implizite Kritik an seinem Vorgänger und an dem Gesetz zur Einführung der gleichgeschlechtlichen Ehe. Von den hier ausgesprochenen Fragen ist in der Praxis nicht viel umgesetzt worden.

Bei der Betrachtung der heutigen Stellung der katholischen Kirche darf man nicht unterschätzen, wie stark das Ansehen der Kirche auch in Frankreich unter dem Pädophilie-Skandal der letzten Jahre gelitten hat. Der vielfache Missbrauch von Kindern durch Priester und der jahrelange Versuch der katholischen Hierarchie, dies entweder zu verharmlosen oder zu vertuschen, haben tiefe Spuren hinterlassen. Erst im Februar 2019 hat die katholische Kirche in Frankreich eine unabhängige Expertenkommission eingesetzt, um den Vorwürfen systematisch nachzugehen. Ergebnisse liegen bis heute nicht vor. Natürlich steht die katholische Kirche in Frankreich nicht allein vor diesem Scherbenhaufen. Er betrifft die katholische Kirche (und nicht nur diese) auf der ganzen Welt. Aber nur eine glaubwürdige Antwort auf diese Fragen und eine wirkliche Läuterung werden es der katholischen Kirche erlauben, an moralischer Autorität zurückzugewinnen.

Trotz aller Belastungen aus der Vergangenheit und aller heutigen Schwierigkeiten: Die katholische Kirche hat sich in Frankreich längst mit der Laizität *à la française* arrangiert. Viele Vertreter der Kirche sehen in den damit einhergehenden beschränkten finanziellen Mitteln auch ein Zeichen der Bescheidenheit der Kirche, von dem sie glauben, dass es der Kirche in den kommenden Jahrzehnten helfen wird, wieder Boden gutzumachen. Ihr größtes Potenzial hat die Kirche in ihren weithin anerkannten katholischen Privatschulen, die über das ganze Land verteilt heute über zwei Millionen Schüler ausbilden und hierbei durch die staatliche Finanzierung der Lehrer indirekt auch von einer starken staatlichen Subventionierung profitieren. Eine Ausweitung dieses Schulsystems scheitert allerdings daran, dass der Staat nicht bereit ist, hier mehr zu tun, auch wenn die Wartelisten der Privatschulen lang sind.

Zuletzt hat die große emotionale Anteilnahme in weiten Teilen der Bevölkerung anlässlich des Brands der Pariser Kathedrale *Notre-Dame* im April 2019 gezeigt, dass *Notre-Dame* eben doch mehr ist als ein historisches Bauwerk unter vielen, das zum kulturellen Erbe Frankreichs gehört. Der Brand hat offenbart, dass diese Kirche durchaus auch ein Teil der Seele Frankreichs ist, der niemanden, weit über den Kreis der Gläubigen hinaus, gleichgültig lässt. Das katholische Erbe ist also trotz aller Veränderungen in Frankreich unter der Oberfläche weiterhin präsent. Die Franzosen haben spontan und massiv für den Wiederaufbau von *Notre-Dame* gespendet und es besteht kein Zweifel daran, dass dieser auch gelingen wird. Fraglich ist allenfalls, ob das tatsächlich innerhalb des sehr ehrgeizigen Zeitrahmens von fünf Jahren gelingen kann, den Präsident Macron gesetzt hat.

Die Protestanten[23]

Um die Lage der Protestanten in Frankreich verstehen zu können, muss man sich vor Augen führen, dass hier – anders als im Deutschen Reich – die auf die Reformation folgenden Religionskriege im 16. Jahrhundert letztlich mit einer Niederlage der protestantischen Seite endeten. Heinrich IV. schuf mit seinem viel beachteten Toleranzedikt von Nantes aus dem Jahr 1598 zwar Schutzräume für die Protestanten und eine Befriedung des Landes nach langen Religionskriegen. Dies gelang in der Rückschau allerdings nur für einen begrenzten Zeitraum. Insofern kann man dieses Toleranzedikt nicht mit dem Augsburger Religionsfrieden von 1555 vergleichen.

Heinrich IV. war unter dem Einfluss seiner Mutter Jeanne d'Albret, der Königin von Navarra und des Béarn, im protestantischen Glauben aufgewachsen und nach und nach zum unumstrittenen Anführer der protestantischen Seite geworden. Als er 1589 zum König von Frankreich wurde, hat er den katholischen Glauben angenommen. Das haben ihm dann auf protestantischer Seite einerseits viele verübelt, andererseits haben die Protestanten seinen Zusagen und Garantien im Zusammenhang mit dem Edikt von Nantes auch Glauben geschenkt.

Anlässlich der Hochzeit Heinrichs (zu diesem Zeitpunkt noch Heinrich III. von Navarra) mit Marguerite de Valois kam es am 24. August 1572 in der Bartholomäusnacht in Paris zur Ermordung fast des gesamten protestantischen Adels, der Heinrich nach Paris begleitet hatte. In den kommenden Tagen fielen diesen Massakern ca. 4.000 Personen in Paris und bis Oktober bis zu 10.000 Personen in anderen Städten des Landes zum Opfer. Nach weiteren Jahren blutiger Religionskriege wurde Heinrich 1589 französischer König, konnte aber erst 1594 nach weiteren militärischen Auseinandersetzungen als König in Paris einziehen und das Land allmählich befrieden.

In dieser Situation war das Edikt von Nantes in der Tat eine historische Leistung. Es blieb trotzdem, in der Rückschau, nur eine Episode. Das Edikt erklärte die katholische Religion zur Staatsreligion: Das war

23 Literaturhinweis zur Einführung: Patrick Cabanel, *Histoire des Protestants en France*, Paris 2012

der Ausgangspunkt. Die protestantische Kirche wurde nur als „angeblich“ reformierte Kirche apostrophiert. Eine wirkliche Anerkennung der protestantischen Kirche war das jedenfalls nicht. Den Protestanten wurde allerdings die freie Religionsausübung erlaubt, der Zugang zu Staatsämtern ermöglicht und ihnen wurden im Lande über hundert befestigte Städte, die sich zu diesem Zeitpunkt in ihren Händen befanden, für die nächsten acht Jahre zugesprochen. Wichtige Städte waren zum Beispiel Montauban, Saumur, Nîmes oder La Rochelle. Die Protestanten konnten sich damit zwar vorläufig halten, eine weitere Ausbreitung über die eigenen Bastionen hinaus war aber praktisch nicht mehr möglich und Paris und Umgebung blieben den Protestanten verschlossen. Heinrich IV. hat bis zu seiner Ermordung im Jahr 1610 die Zusage hinsichtlich der festen Plätze immer wieder verlängert. Unter Ludwig XIII. sind diese Rechte dann noch bis 1620 aufrechterhalten worden. Kardinal Richelieu sah dann aber die Gefahr, dass hier ein „Staat im Staat“ entstehen könnte, und eroberte die festen Plätze zwischen 1620 und 1629 zurück.

Die letzte Episode der Religionskriege war die 14-monatige Belagerung von La Rochelle 1627/28, die Kardinal Richelieu selbst leitete. Als die Stadt schlussendlich kapitulierte, waren über 20.000 Menschen in der Stadt gestorben, viele davon verhungert. Überlebt hatten nur ca. 5.000. Der Kardinal gestand den Überlebenden zwar zu, ihren Glauben weiter zu praktizieren, neue protestantische Bürger durften sich allerdings nicht mehr in der Stadt ansiedeln. Der Widerstand der Stadt und der militärische Widerstand der Protestanten insgesamt war nach der Kapitulation von La Rochelle endgültig gebrochen. In La Rochelle gibt es heute noch eine kleine protestantische Gemeinde und ein kleines Museum, das an diesen Teil der Stadtgeschichte erinnert.

Natürlich hat es in den Religionskriegen auch von protestantischer Seite Ausschreitungen und Massaker gegeben. Es war ein in mehreren Wellen – von 1562 bis 1598 und dann noch einmal von 1620 bis 1629 – ausgetragener verheerender Bürgerkrieg, der das Land schwer gezeichnet hat. Verlierer waren aber am Ende die Protestanten.

Im ausgehenden 17. Jahrhundert unter Ludwig XIV. nahm der Druck weiter zu. Er erreichte seinen Höhepunkt mit der Rücknahme des Edikts von Nantes 1685. Damit verloren die Protestanten alle Rechte und insbesondere das Recht auf freie Religionsausübung. In der Folge kam es zu einer großen Emigrationswelle. Um die 200.000 Hugenotten verließen Frankreich vor allem in Richtung England, Niederlande, Schweiz und Deutschland (insb. Brandenburg) sowie in viele andere Länder. Am Südrand des Zentralmassivs in den Cevennen kam es in den Jahren 1703 bis 1706 zu einem offenen Aufstand der *les Camisards* genannten dortigen Protestanten, der ca. 30.000 von ihnen das Leben kostete.[24] Andere wurden von königlichen Truppen, die dafür eigens in die hauptsächlich protestantisch besiedelten Gebiete geschickt wurden, mit dem Schwert zur Konversion zum Katholizismus genötigt. Ein weiterer Teil der verfolgten Protestanten versteckte sich und praktizierte seinen Glauben in einer Untergrundkirche weiter, insbesondere im Süden und Südwesten des Landes. Sie ließen ihre Kinder zum Teil katholisch taufen, um überhaupt einen Taufschein zu haben. Protestantische Kirchenregister waren verboten. In vielen katholischen Gemeinden wurden diese Kinder in den Kirchenregistern als „neue Christen" geführt.

Insgesamt ist das 18. Jahrhundert das schwärzeste in der Geschichte der französischen Protestanten. Nur die Lutheraner im Mitte des 17. Jahrhunderts zu Frankreich gekommenen Elsass konnten ihren Glauben weiterhin weitgehend unbehelligt leben. Ludwig XIV. hatte sich mit seiner Unterschrift zum Westfälischen Frieden von 1648, mit dem das Elsass offiziell zum Königreich Frankreich kam, ausdrücklich zum Schutz der Protestanten im Elsass verpflichtet. Von der Rücknahme des Edikts von Nantes 1685 waren sie also nicht betroffen. Im Laufe des 18. Jahrhunderts nimmt der Verfolgungsdruck langsam ab. Noch kurz vor der Revolution geht Ludwig XVI. einen wichtigen Schritt auf die Protestanten zu: Im Toleranzedikt von Versailles von 1787 gesteht er den protestantischen Pastoren wieder zu, Kirchenregister zu führen, wie es schon zwischen 1553 und 1685 anerkannte Praxis war. Das ist ein wichtiger Schritt aus der Illegalität hinaus, aber noch keine vollständige Anerkennung. In der Revolution geht die Verantwortung für Geburtenregister dann auf die Bürgermeister über. Die kirchlichen Gemeinden führen lediglich noch Zweitregister.

24 zu dieser in Deutschland wenig bekannten Episode ausführlich: Marianne Carbonnier-Burkard, *Comprendre la Révolte des Camisards*, Rennes 2016

Mit der Proklamation der Gewissens- und Religionsfreiheit durch die Revolution werden die Protestanten vollends rehabilitiert. Durch die Revolution bekommen sie auch die vollen Bürgerrechte. Napoleon nimmt sich dann – nach Abschluss des Konkordats mit Rom 1801 – auch der Organisation der protestantischen Kirchen an. Durch eine Verordnung aus dem Jahr 1802 werden die protestantischen Kirchen (die reformierte und die lutherische) regional in Konsistorien gegliedert; in Straßburg (für die lutherische Kirche) und in Genf (für die reformierte Kirche) wird je ein Seminar für die Pastorenausbildung eingerichtet und der Staat bezahlt die protestantischen Pastoren ebenso wie die Priester und Bischöfe der katholischen Kirche. Diese Reform wird von den Protestanten positiv aufgenommen. In wenigen Jahren ist aus einer Kirche im Untergrund eine Kirche geworden, deren Pastoren vom Staat bezahlt werden. Für diese Zeit schätzt man die Anzahl der Protestanten auf ca. 200.000 im Elsass und 500.000 im Süden des Landes.

Der nächste wichtige Schritt für die Protestanten ist dann das Gesetz von 1905 über die Trennung von Staat und Kirche. Es ist für sie von fundamentaler Bedeutung. Zum ersten Mal in der französischen Geschichte erreichen sie eine (zumindest rechtliche) Gleichstellung mit der katholischen Kirche. Noch das Konkordat von 1801 hatte ja den Katholizismus als die Religion der großen Mehrheit der Franzosen hervorgehoben. So waren es auch viele protestantische Abgeordnete, die sich für das Laizitätsgesetz einsetzten und es von vornherein vorbehaltlos unterstützen. Die protestantischen Kirchen haben dann auch unverzüglich die im Gesetz vorgeschriebene privatrechtliche Organisationsform angenommen und gleich 1905 die *Fédération Protestante de France* gegründet, die bis heute der Dachverband der protestantischen Kirchen in Frankreich ist. Für eine Religionsgemeinschaft, die im Unterschied zu den Katholiken von einer langen Phase der Unterdrückung geprägt war, war der Grundsatz, dass die Religion eine private Angelegenheit sei, leicht nachzuvollziehen: Nur im privaten Raum hatte sich ihr Glaube das 18. Jahrhundert hindurch überhaupt erhalten können. Die Garantie der Glaubensfreiheit und das Recht zur Selbstorganisation dagegen bedeuteten für sie einen fundamentalen Fortschritt.

Heute sind je nach Schätzung 2 bis 3 % der französischen Bevölkerung protestantisch, überwiegend Lutheraner im Elsass und

Reformierte im Süden und Südwesten. Hinzu kommt eine seit einigen Jahren wachsende Anzahl von Evangelikalen. Schaut man allerdings nur auf die Reformierten, dann ist der Vergleich mit 1560, also dem Zeitpunkt vor dem Ausbruch der Religionskriege, doch frappierend: 1560 waren ca. 10 % der Bevölkerung im damaligen Königreich Frankreich (also ohne das Elsass) calvinistisch, heute sind es nur noch 0,5 %. Krieg, Flucht und Vertreibung haben tiefe Spuren hinterlassen. Nur im Elsass ist heute mit ca. 250.000 Lutheranern und Calvinisten noch ein signifikanter Teil der Gesamtbevölkerung von knapp zwei Millionen protestantisch.

Im 16. Jahrhundert war in vielen Landesteilen vor allem der Adel zum Protestantismus übergetreten, der Großteil der gewöhnlichen Bevölkerung aber nicht. In diesen Gebieten hat sich der Protestantismus über die Zeit kaum halten können. Anders war es im Languedoc, wo auch weite Teile der gesamten Bevölkerung konvertiert waren, insbesondere an den Südhängen des Zentralmassivs. Dort ist der Protestantismus bis heute fest verankert und die protestantische Bevölkerung in vielen Orten zahlreich. In einzelnen Ortschaften stellt sie noch heute die Mehrheit der Bevölkerung. In den Cevennen feiern die Protestanten seit 1911 jährlich am ersten Sonntag im September einen Gottesdienst unter freiem Himmel, zu dem 10.000 bis 15.000 Gläubige aus dem ganzen Land kommen. Dieser Gottesdienst dient auch der Erinnerung an die Jahre der Unterdrückung im 18. Jahrhundert, in dem sie nur heimliche Gottesdienste in den Bergen und Wäldern insbesondere der Cevennen feiern konnten.

In Politik, Wirtschaft und Rechtswesen sind die Protestanten heute oft überproportional vertreten. Dabei bleiben sie diskret, was ihre Religionszugehörigkeit angeht. Aber natürlich kennt man sich untereinander und weiß um die gemeinsame Religionszugehörigkeit. Bekannte Persönlichkeiten sind z. B. die Mitglieder der Familien Peugeot oder Hermès, Politiker wie der heutige Senatspräsident Gérard Larcher, EU-Kommissar Thierry Breton oder der frühere Premierminister Lionel Jospin. Aber auch wichtige Mitglieder des französischen Gerichts- und Rechtswesens oder des Presse- und Verlagswesens sind Protestanten.

Wie sehr die Diskretion den Protestanten zur zweiten Natur geworden ist, zeigte sich an dem großen Unterschied zu Deutschland, als es darum ging, den 500. Jahrestag der Reformation zu feiern. Was in Deutschland zu einer ganzen Reformationsdekade geriet, wurde in Frankreich nur sehr zögerlich angegangen. Am Ende organisierte die *Fédération Protestante de France* unter ihrem Präsidenten François Clavairoly einen kleinen Kirchentag im Herbst 2017 im lutherisch geprägten Straßburg und feierte in einer großen Mehrzweckhalle einen Festgottesdienst, der sogar vom französischen Fernsehen direkt übertragen wurde. Das Motto *„Les Protestants en Fête“* („Die Protestanten feiern“) hat viele in Frankreich überrascht, da in der französischen Öffentlichkeit doch weiterhin das Bild einer düsteren, ernsten und in sich gekehrten Gemeinschaft vorherrscht. Daneben gab es auch eine Vielzahl kleiner und mittelgroßer Veranstaltungen im ganzen Land, die alle ein wenig dazu beigetragen haben, dass auch die nichtprotestantische Mehrheit der Franzosen die Protestanten „wiederentdecken“ konnte.

Der Islam in Frankreich

Mit der Eroberung Algeriens im Jahr 1830 beginnt eine Phase der französischen Geschichte, in der Frankreich, zunächst als Kolonialmacht, unmittelbar auf eine muslimische Bevölkerung trifft: zuerst in Nordafrika, später auch in Subsahara-Afrika und dem Nahen und Mittleren Osten. Die über 130-jährige Kolonialgeschichte Frankreichs bis zur Unabhängigkeit Algeriens 1962 verläuft parallel zu und weitgehend unberührt von der Auseinandersetzung zwischen katholischer Kirche und Republik im Mutterland.

So ist bemerkenswert, dass das Gesetz zur Trennung von Staat und Kirche von 1905 auf Algerien ausdrücklich keine Anwendung fand, obwohl Algerien in Form von drei *Départements* aufs engste in die französische Staatsorganisation eingebunden war:[25] So viel Glaubensfreiheit wollte man der muslimischen Bevölkerung dann doch nicht einräumen. Die Kolonialverwaltung und damit der französische Staat wollten hier die Kontrolle behalten.

25 siehe dazu Benjamin Stora, *Histoire de l'Islam et des Musulmans en France du Moyen Age à nos jours*, Paris 2006

Zu einer zahlenmäßig relevanten Präsenz von Muslimen in Frankreich kommt es erstmals während des Ersten Weltkriegs. Frankreich mobilisiert rund 600.000 Soldaten in seinen Kolonien in Nord- und Subsahara-Afrika. Sie kommen an vielen Frontabschnitten, in allen großen Schlachten des Krieges und auch in Verdun zum Einsatz und zahlen einen hohen Blutzoll. Auf allen französischen Kriegsgräberfriedhöfen gibt es ausgewiesene Bereiche für die muslimischen Toten (*les carrés musulmans*). Die Überlegung, anlässlich der Gedenkfeierlichkeiten hundert Jahre nach dem Ersten Weltkrieg in Verdun dieser (und der jüdischen) Toten gesondert zu gedenken, fand im republikanisch-laizistischen Protokoll keinen Platz. Neben den Soldaten wurden auch Arbeiter aus den Kolonien für die französische Kriegswirtschaft mobilisiert (im Übrigen auch unter der Verantwortung des Kriegsministeriums).

In Anerkennung ihres Beitrags zur Verteidigung Frankreichs erlaubte der Staat den Muslimen nach dem Krieg den Bau einer Großen Moschee in Paris. Vor dem Krieg waren alle Bemühungen in diese Richtung gescheitert. Die Entscheidung fiel 1917, nach der Schlacht von Verdun. Um den Bau durch den Staat finanzieren zu können, wurde mit einem eigenen Gesetz eine Ausnahme zum Laizitätsgesetz von 1905 geschaffen. Die Moschee wurde nach vierjähriger Bauzeit 1926 mit großem Pomp in Anwesenheit des damaligen französischen Staatspräsidenten Gaston Doumergue und des Sultans von Marokko eingeweiht. Die Große Moschee spielt auch heute noch eine wichtige Rolle, über Paris hinaus. Seit 1993 beherbergt sie ein vom Staat anerkanntes Institut zur geistlichen Ausbildung von Imamen und muslimischen Seelsorgern, das AlGhazali-Institut. Finanziell wird sie heute von Algerien unterstützt.

Die eigentliche Einwanderungswelle, in der die heutige muslimische Bevölkerung ihren Ursprung hat, erfolgte zwischen 1955 und 1974. In diesen Jahren wanderten ca. 711.000 Algerier, 260.000 Marokkaner, 140.000 Tunesier und viele Türken ein. Geografisch trifft man sie auch heute noch mehrheitlich in den damals besonders stark industrialisierten Gebieten an: im Großraum Paris, insbesondere in dem nördlich an Paris angrenzenden *Département Seine-Saint-Denis*, in Marseille und an der Mittelmeerküste, im Großraum Lyon, in den nördlichen Industriegebiete um Lille und Roubaix sowie schließlich in den östlichen Industriegebiete in den *Départements* des Elsasses und dem *Département Moselle*. In den östlichen Landesteilen und im Großraum Lyon sind die türkischen Einwanderer besonders stark vertreten.

Bis in die 1970er-Jahre ging man auch in Frankreich von der Fiktion aus, dass diese Menschen nur vorübergehend gekommen seien, als „Gastarbeiter". So sah der Staat auch keine Notwendigkeit, sich ihrer spezifischen Bedürfnisse, insbesondere religiöser Art, anzunehmen. Die französische Laizitätsauffassung tat das ihrige. Religion war Privatsache und die erste Generation der Einwanderer war in dieser Hinsicht auch diskret.

Die aus Algerien Zugewanderten lassen sich in unterschiedliche Gruppen unterteilen, die aus verschiedenen Motiven nach Frankreich kamen. Einige flohen 1962 im Zuge der Unabhängigkeit Algeriens, da sie im Unabhängigkeitskrieg auf der französischen Seite gestanden hatten. Andere waren schon vorher nach Frankreich gekommen, vornehmlich aus ökonomischen Gründen. Eine letzte Gruppe schließlich kam nach der Unabhängigkeit nach Frankreich, da sie im unabhängigen Algerien keine wirtschaftliche Perspektive für sich und ihre Familien sahen. Für viele, die im Unabhängigkeitskrieg gegen Frankreich gekämpft hatten, war das besonders bitter. Es kamen aber auch viele Berber aus den kabylischen Bergen nach Frankreich, die immer auch in einem mehr oder weniger offenen Konflikt zur algerischen Mehrheitsbevölkerung gelebt hatten.

Nach dem Ölpreisschock Anfang der 1970er-Jahre kam diese Einwanderung weitestgehend zum Erliegen. Dafür erlaubte Frankreich mit dem Dekret vom 29. April 1976 unter Valéry Giscard d'Estaing ebenso wie Deutschland in jenen Jahren die Familienzusammenführung. Dies war eine unvermeidliche Entscheidung von allerdings großer Tragweite. Mit dieser Entscheidung wurde zum einen de facto anerkannt, dass die eingewanderten Muslime dauerhaft in Frankreich bleiben würden. Zum anderen erwuchs durch ihre in Frankreich geborenen Kinder in zweiter und dritter Generation aufgrund des französischen Staatsbürgerschaftsrechts, das am Geburtsort in Frankreich anknüpft (*Jus soli*), eine große Anzahl muslimischer Bürger französischer Nationalität, um deren Integration man sich nicht wirklich kümmerte.

Der Staat lässt sich in dieser Sache von dem Grundsatz leiten, dass der Besuch des französischen Schulsystems aus diesen Kindern kleine französische Staatsbürger mache. Auf die Entwicklungen, die über die Jahre in Frankreich zu einer Radikalisierung einzelner Muslime geführt haben, gehe ich im 10. Kapitel ein.

Mit Beginn der 1980er-Jahre und der wachsenden Einsicht, dass die muslimische Bevölkerung dauerhaft im Lande bleiben würde, stellte sich dem Staat dann auch immer dringlicher die Frage, wer sein Ansprechpartner auf muslimischer Seite sein könnte, welche Organisationsform der französische Islam annehmen könnte. Alle Versuche in diese Richtung haben allerdings bisher kein befriedigendes Ergebnis gebracht. Aus zwei Gründen: Zum einen entzieht sich der in Frankreich bei Weitem dominierende Islam sunnitischer Ausprägung einer hierarchischen Organisation und zum anderen bleibt der Einfluss der Ursprungsländer, insbesondere von Algerien, Marokko und der Türkei, stark (*„Islam consulaire“*). Organisationsformen anderer Religionsgemeinschaften sind nicht übertragbar. Die hierarchische und stark zentralisierte Organisationsform der katholischen Kirche kommt am allerwenigsten infrage, obgleich der französische Staat mit seiner eigenen zentralistischen Organisation sich eine solche Organisationsform für den französischen Islam wünschen mag. Aber auch die seit der Revolution nach und nach entstandenen Organisationsformen der protestantischen Kirchen oder der jüdischen Gemeinde sind nicht gut auf den Islam übertragbar.

Den weitreichendsten Organisationsversuch hat bisher Nicolas Sarkozy im Jahr 2003, noch als Innenminister, mit der Schaffung des *Conseil Français du Culte Musulman* (CFCM) unternommen. In diesem Dachverband sind die verschiedenen Moscheen vertreten und wählen immer für drei Jahre einen Vorsitzenden, der de facto nach einem Rotationsprinzip abwechselnd aus der marokkanischen, der algerischen oder der türkischen Gemeinschaft stammt. Wirklich repräsentativ ist dieser Dachverband allerdings nicht. Die 2016 anlässlich einer Studie des Institut Montaigne zum Islam in Frankreich erstellte Ipsos-Umfrage[26] kommt zu dem Ergebnis, dass sich nur 9 % der befragten

26 Hakim El Karoui, *Un Islam Français est possible. Rapport de l’Institut Montaigne*, Paris 2016

Muslime von diesem Dachverband vertreten fühlen (S. 37). Ein erschreckend schlechtes Ergebnis. Auf lokaler und regionaler Ebene gibt es allerdings neben der Großen Moschee von Paris eine Reihe durchaus einflussreicher Moscheen, etwa die großen Moscheen in Straßburg, Lyon oder Bordeaux, aber auch verschiedene Moscheen in den Vorstädten wie etwa Drancy. Insgesamt dominieren aber Gebetsräume in den unterschiedlichsten Gebäuden. Die Moschee in Drancy ist dabei als ein wenig repräsentativer Zweckbau sicher viel repräsentativer für die Mehrzahl der heutigen Moscheen als die altehrwürdige Große Moschee in Paris. Die Moschee von Drancy liegt hinter einem Supermarkt am Rande des zum Supermarkt gehörenden Parkplatzes. Der Imam erklärte mir allerdings, dass dies den großen Vorteil habe, dass die vielen Gläubigen bequem mit dem Auto kommen können und auch der Platz vor der Moschee mit genutzt werden könne. Einen vergleichbaren Zulauf erleben die christlichen Kirchen bestenfalls an Weihnachten und Ostern.

Heute leben in Frankreich vier bis fünf Millionen Muslime, jedenfalls nach einer Schätzung des französischen Innenministeriums von 2016, auf die sich eine detaillierte Studie des Senats vom Juli 2016 bezieht. Die geschätzte Zahl entspricht in etwa 7 % der Gesamtbevölkerung Frankreichs. Da die Religionszugehörigkeit im laizistischen Frankreich bei Erhebungen über die Bevölkerung nicht abgefragt werden darf, bleibt man hier auf Schätzungen angewiesen. Die Studie des Institut Montaigne[27] geht von einer etwas geringeren Zahl aus. Sie schätzt die muslimische Bevölkerung auf drei bis vier Millionen und damit etwa 5,5 % der Gesamtbevölkerung.

Darüber hinaus kommt diese Studie zu interessanten qualitativen Ergebnissen (S. 17–49):

Zunächst einmal seien heute drei Viertel der in Frankreich lebenden Muslime französische Staatsbürger und die Hälfte in Frankreich geboren. Laut Studie nehmen zwei Drittel von ihnen ihren Glauben sehr wichtig, befürworten aber auch die französische Laizität und 84 % halten den Glauben für eine Privatsache. Besonders interessant ist allerdings, dass es doch große Unterschiede gibt.

---

27 Hakim El Karoui, a. a. O., S. 7

Die Studie unterteilt die Muslime in Frankreich grob in drei Gruppen:

1. Eine integrierte säkulare Mehrheit von 46 %, die im französischen Wertesystem verwurzelt ist, ohne auf die Ausübung ihrer Religion verzichten zu wollen.
2. Eine zweite Gruppe, die ungefähr 25 % umfasst und deutlich heterogener ist. Diese Gruppe zeichnet ein starkes Bekenntnis zu ihrer Religion aus, das sie auch in der Öffentlichkeit und am Arbeitsplatz zeigen möchte, ohne die Laizität infrage stellen zu wollen.
3. Eine dritte Gruppe, ungefähr 28 %, sieht im Islam ein Mittel, sich von der französischen Gesellschaft abzugrenzen. Ihr Wertesystem steht dem der Republik – der Studie zufolge – konträr entgegen. Diese Gruppe umfasst insbesondere junge, niedrig qualifizierte Personen, die oft wenig verdienen oder arbeitslos sind.

Mit Blick auf die auch in Deutschland intensiv diskutierten Fragen der Imam-Ausbildung und der Finanzierung der Moscheen kommt die oben erwähnte Studie des Senats zu folgenden Ergebnissen:

Die muslimischen Gemeinden werden grundsätzlich dezentral finanziert. Der Großteil der Finanzierung, vor allem für Bau und Unterhalt der Moscheen, wird von den Gläubigen selber durch Spenden aufgebracht. Etwa 20 der 2.500 Moscheen erhalten auch Zuwendungen von Staaten oder Organisationen aus dem Ausland. Landesweit beträgt der Anteil ausländischer Finanzierung für den Neubau von Moscheen in Frankreich etwa 10 %. Die Türkei beschränkt ihre Unterstützung auf die Entsendung von etwa 150 Imamen. Marokko hat 2016 mit 6 Millionen Euro zum Bau von Moscheen beigetragen und um die 30 Imame finanziert. Algerien unterstützt die Große Moschee in Paris mit 2 Millionen Euro jährlich. Saudi-Arabien hat von 2011 bis 2016 ungefähr 3,8 Millionen in 8 Moscheen investiert und zahlt die Gehälter von 14 Imamen.

300 der ca. 2.000 Imame in Frankreich werden dauerhaft aus dem Ausland entsandt und arbeiten Vollzeit (150 aus der Türkei, 120 aus Algerien und 30 aus Marokko). Etwa ein Viertel der Imame hat heute die französische Staatsbürgerschaft. Die meisten der Imame arbeiten auch heute noch ehrenamtlich oder mit einer überschaubaren Entloh-

nung durch ihre Gemeinde. Dabei verfügen die nach Frankreich entsandten Imame in aller Regel weder über französische Sprach- noch Landeskenntnis. Die meisten Gebete in den Moscheen finden also in arabischer Sprache statt. Da es in Frankreich bei Weitem nicht genug Ausbildungsplätze für Imame gibt (neben dem genannten Institut an der Großen Moschee in Paris nur noch eine weitere Ausbildungsstätte), werden bis heute die allermeisten Imame im Ausland ausgebildet. Alle Initiativen der letzten Jahre, hier die Kapazitäten auszuweiten, sind bisher erfolglos geblieben.

Beide Studien zeigen in ihrer Gesamtschau drei Dinge:

1. Die in der politischen Debatte insbesondere von der extremen Rechten bemühten Zahlen, die beweisen sollen, dass Frankreich kurz vor der Überfremdung durch den Islam stehe, sind weit hergeholt. Aber mangels offiziellem Zensus zur religiösen Zugehörigkeit lassen sich diese Narrative auch nicht mit letzter Autorität widerlegen.
2. Die bisher unternommenen Versuche, einen repräsentativen Dachverband für den Islam in Frankreich zu schaffen, sind nicht erfolgreich gewesen.
3. Die Tatsache, dass ein gutes viertel der Muslime, vor allem junge und wenig qualifizierte, ihre Identität im Islam in Abkehr von oder sogar in offener Opposition zu den Werten der Französischen Republik sucht, ist ein erschreckendes Zeugnis einer misslungenen Integration, zumal dies gerade die in Frankreich geborenen Muslime der zweiten und vor allem der dritten Generation betrifft.

Bei alldem darf freilich nicht aus dem Blick geraten, dass drei viertel der französischen Muslime hinter der Republik und ihren Werten stehen.

Die Integration gerade der in benachteiligten Stadtvierteln und Vorstädten lebenden jungen Muslime ist eine zentrale soziale und gesellschaftliche Herausforderung, der sich der französische Staat stellen muss. Präsident Macron ist sich dieser Frage sehr bewusst. Er hat dazu, nach langem Zögern, im Februar 2020 eine wichtige Rede in Mulhouse gehalten. Dabei hat Macron den richtigen Ton getroffen zwischen Respekt für den Islam als Religion einerseits und der Entschlossenheit des Staats andererseits, gegen islamistische Strömungen vorzugehen, die sich gegen die Republik und ihre Werte stellen. Die von ihm ins Auge gefassten Maßnahmen zielen auf eine Beendigung der Entsendung ausländischer Imame nach Frankreich und auf eine bessere Kontrolle der ausländischen Finanzierung von Moscheen und Gebetshäusern. Hinsichtlich der konkreten Ausgestaltung dieser Ankündigungen ist er allerdings sehr vage geblieben. Vor allem gibt es bisher weiterhin keine Antwort auf die Frage, wie eine angemessene Ausbildung von Imamen in Frankreich sichergestellt werden soll. Damit verknüpft sich immer auch die Frage, wer diese Imame später bezahlen soll. Und wer wird sich schon auf eine Ausbildung einlassen, wenn sich daraus keine Berufsperspektive ergibt?

Was von diesen Vorhaben jetzt, angesichts der Frankreich mit voller Wucht treffenden Corona-Pandemie, umgesetzt werden kann, steht dahin. Die Folgen der Pandemie werden kurzfristig die Lage in den benachteiligten Vorstädten erst noch einmal verschärfen. Sehr schnell wurde z. B. sichtbar, dass die Sterblichkeit gerade in dem *Département Seine-Saint-Denis* im insgesamt stark getroffenen Großraum Paris besonders stark steigt.

Interessanterweise hat bisher nur die Armee eine erste Antwort auf die Frage der Imam-Ausbildung gefunden. Denn das Laizitätsgesetz von 1905 verpflichtet den Staat, dort, wo sich die Bürger nicht frei bewegen können, eine seelsorgerische Betreuung anzubieten. Das gilt für die Krankenhäuser, die Gefängnisse und das Militär. Die christlichen Kirchen und die jüdischen Gemeinden haben seit Langem die nötigen Strukturen aufgebaut, um im Zusammenwirken mit dem Staat diese seelsorgerische Aufgabe wahrzunehmen. Anders ist es beim Islam – auch weil es da natürlich eine wesentlich neuere Fragestellung ist. In der französischen Armee aber gibt es heute einen entsprechenden Dienst muslimischer Seelsorger, die von der Armee bezahlt werden. Seit Kurzem hat die Armee auf Vorschlag des leitenden muslimischen Militärseelsorgers ein eigenes Rekrutierungs- und Ausbildungswesen eingeführt. Da die hier ausgebildeten Seelsorger (übrigens auch Frauen!) nach der Ausbildung von der Armee übernommen und bezahlt werden, finden sich auch Kandidaten. Dieses System ist bis heute aber nicht einmal auf die Gefängnisseelsorge übertragen worden.

Zum Schluss dieser Betrachtungen zur Laizität und zur Rolle und Stellung der unterschiedlichen Religionsgemeinschaften sei noch einmal betont: Natürlich ist Frankreich in ganz besonderem Maße vom Katholizismus und der Auseinandersetzung der Republik mit diesem geprägt. Aber die Reformation und die Religionskriege haben bis heute auch viele, wenn auch vielleicht weniger sichtbare Spuren hinterlassen. Auch die lange Geschichte der Emanzipation der Juden sowie der singuläre Zivilisationsbruch der Shoah, den die Deutschen auch nach Frankreich getragen haben, haben Frankreich gezeichnet. Eine ganz besondere Herausforderung stellt schließlich der seit der zweiten Hälfte des 20. Jahrhunderts im französischen Mutterland ansässig gewordene Islam dar.

KAPITEL V:
1916: Verdun
Der Mythos der Landesverteidigung und das Prestige des Militärs

Es gibt in Frankreich unzählige Plätze und Straßen, die *Place Verdun* oder *Rue de Verdun* heißen. Und in jeder französischen Ortschaft steht ein Denkmal zur Erinnerung an die Kriegstoten (*monument aux morts*), auf dem die Namen der Gefallenen eingraviert sind. Die Liste der Toten aus dem Ersten Weltkrieg ist immer bedeutend länger als die der Toten aus dem Zweiten Weltkrieg. Auch Tote aus dem Algerienkrieg sind in manchen Ortschaften aufgeführt. Aber es ist und bleibt der Erste Weltkrieg, der den Franzosen als „der Große Krieg" (*la Grande Guerre*) in Erinnerung bleibt. Zwischen August 1914 und November 1918 sind über 1,3 Millionen französische Soldaten gefallen. Dazu kamen über 71.000 gefallene Soldaten aus den französischen Kolonien und 300.000 tote Zivilisten. Dagegen starben im Zweiten Weltkrieg 217.000 französische Soldaten und 350.000 Zivilisten.

Jährlich am 11. November, der seit 1922 gesetzlicher Feiertag ist, wird in einer zentralen Zeremonie am Pariser *Arc de Triomphe* in Anwesenheit des französischen Staatspräsidenten der Toten gedacht. Es finden aber auch über das ganze Land verteilt Gedenkzeremonien vor den Denkmälern der französischen Städte und Gemeinden statt. Überall werden Kränze niedergelegt, werden die Toten geehrt.

Am *Arc de Triomphe*, der von 1806 bis 1836 zur Verherrlichung der Siege der Revolutionszeit und Napoleons errichtet wurde, befindet sich heute das Grabmal des unbekannten Soldaten des Ersten Weltkriegs. Ununterbrochen, auch in der Zeit der Besatzung während des Zweiten Weltkriegs, wird seit dem 11. November 1923 täglich um 18:30 Uhr im Rahmen einer feierlichen Zeremonie eine „ewige Flamme der Erinnerung" an diesem Grab entzündet, während der Berufsverkehr um einen der verkehrsreichsten Plätze von Paris rollt. Der *Arc de Triomphe* ist ein wenig das „Nationalheiligtum" der Republik. Entsprechend entsetzt reagierte ein großer Teil der französischen Öffentlichkeit, als dieser symbolträchtige Ort im Zuge der Proteste der Gelbwesten am 1. Dezember 2018 vandalisiert wurde. Die Öffentlichkeit war empört und der Polizei wurde vorgeworfen, nicht das Nötige getan zu haben, um den Triumphbogen zu schützen. Die im weiteren Verlauf der Protestbewegung wiederholt erfolgte Zerstörung von Banken und Geschäften hat nie zu einer vergleichbaren Empörung geführt. Freilich war der Kontrast der Bilder auch besonders stark, hatte doch Macron nur wenige Wochen zuvor, am 11. November 2018, mit einer Vielzahl von Staats- und Regierungschefs aus aller Welt an eben diesem Triumphbogen des Endes des Ersten Weltkriegs vor genau 100 Jahren gedacht.

Die zentrale Bedeutung des Ersten Weltkriegs in der Erinnerungskultur Frankreichs geht auf den Mythos der heldenhaften Landesverteidigung zurück. Dieser Mythos griff rasch nach dem Krieg um sich und wurde von der französischen Politik nach Kräften befördert, auch um die Härten der Nachkriegszeit ein wenig abzumildern. Und der Ort, an dem sich alles verdichtete, war Verdun. Die Schlacht erstreckte sich über viele Monate, vom 21. Februar 1916 bis zum 19. Dezember 1916. Auf französischer Seite wurden die eingesetzten Truppen in einem raschen Rhythmus ausgetauscht, was über die Monate dazu führte, dass eine Großzahl der französischen Divisionen an diesem symbolischen Erinnerungsort zum Einsatz kam. Dies erforderte einen gigantischen logistischen Einsatz, um Truppen, Material und Verpflegung nach Verdun zu verbringen. Diese Strategie hat sicher zur Widerstandsfähigkeit auf französischer Seite beigetragen – und dazu geführt, dass die Erinnerung an Verdun bis in den letzten Winkel Frankreichs getragen wurde. Zur Zahl der Opfer gibt es unterschiedliche Studien. Der neu erstellte Katalog *In der Schlacht von Verdun* (Paris 2016) für das 2016 wiedereröffnete *Mémorial de Verdun*, dem lange wissenschaftliche Recherchen vorausgingen, zählt 163.000 gefallene Franzosen und 143.000 gefallene Deutsche.

General Pétain wurde am 25. Februar, wenige Tage nach dem deutschen Angriff, mit dem Oberkommando für den Frontabschnitt bei Verdun betraut. Seine Rolle in Verdun wurde unmittelbar nach dem Krieg und in der Vichy-Zeit, in der er als Staatspräsident fungierte, stark hervorgehoben, ja verklärt. Neuere Forschungen sehen seine Rolle differenzierter. Dennoch verbinden bis heute die meisten Franzosen Pétain mit der heldenhaften Verteidigung Frankreichs bei Verdun. Auch seine Rolle in der Vichy-Zeit, die Kollaboration mit den deutschen Besatzern und die aktive Mitwirkung bei der Judenverfolgung, hat seinem Mythos lange nichts anhaben können. Heute verblasst das Bild Pétains allmählich und er verschwindet langsam aus der französischen Ahnengalerie. Man kann Pétain heute nicht mehr als Kriegshelden von Verdun feiern, ohne eben auch an den Kollaborateur und den Verantwortlichen für Judenverfolgung und Deportationen unter Vichy zu denken. So ist der Versuch von Präsident Macron, im Rahmen der Gedenkfeierlichkeiten im November 2018 sozusagen „nur" des heldenhaften Pétain aus dem Ersten Weltkrieg zu gedenken, auf viel Unverständnis gestoßen.

Die große Bedeutung der Abwehrschlacht vor Verdun im kollektiven Gedächtnis der Franzosen kann man nur dann ermessen, wenn man bedenkt, dass es Frankreich weder 1870 in Sedan noch im Zweiten Weltkrieg gelungen ist, einen deutschen Angriff zu stoppen. Dabei war auch Verdun kein wirklicher militärischer Sieg der Franzosen. Der französische Historiker Alain Proust spricht von einem „defensiven Sieg". Aber es war eben doch ein Symbol des französischen Durchhaltewillens, der Entschlossenheit: *„Ils ne passeront pas!"* („Sie werden nicht durchkommen!")

Bezüge auf das als vorbildlich verstandene Zusammenstehen der Franzosen vor allem zu Beginn des Ersten Weltkriegs spielen bis heute in der politischen Rhetorik eine erhebliche Rolle. Bereits am 4. August 1914 hatte Präsident Raymond Poincaré zum Zusammenstehen der Franzosen angesichts des äußeren Feindes aufgerufen. Er forderte eine „Heilige Union"[28] – das französische Gegenstück zum deutschen „Burgfrieden". Die heftigen politischen Auseinandersetzungen der Dritten Republik sollten angesichts der Bedrohung von außen zurückgestellt werden. Das betraf insbesondere die Auseinandersetzung zwischen Republik und katholischer Partei, aber auch die sozialen Auseinandersetzungen, die den Beginn des Jahrhunderts ebenso geprägt hatten wie der Streit um die Verlängerung der Wehrpflicht. Und tatsächlich engagierten sich sämtliche Interessengruppen sofort vorbehaltlos in der Landesverteidigung. Man war patriotisch und stellte seine Forderungen zeitweilig zurück, gab sie aber nicht auf.

---

28 *l'Union sacrée*; siehe dazu Matthias Waechter, *Geschichte Frankreichs im 20. Jahrhundert*, München 2019, S. 126 ff.

Die Verantwortung für den Ausbruch des Kriegs wurde natürlich beim Gegner gesehen. Nach dem Krieg drang insbesondere die französische Regierung unter Georges Clémenceau auf die Verankerung des Kriegsschuldartikels im Versailler Vertrag. Das 2012 erschienene Buch *Die Schlafwandler. Wie Europa in den Ersten Weltkrieg zog* von Christopher Clark, das die Wochen vor dem Kriegsausbruch neu aufarbeitet und dabei insbesondere den französischen Entscheidungsprozess in den Blick nimmt, fand zwar Aufmerksamkeit in Frankreich, aber deutlich weniger als in Deutschland. Was in Deutschland von einigen als Korrektur einer einseitig zulasten Deutschlands geführten Kriegsschulddebatte begrüßt wurde, stieß in Frankreich auf deutlich mehr Skepsis. Auch hier wirken alte Narrative nach.

Die heutigen Beschwörungen der Einheit Frankreichs unter Bezug auf den Begriff der *Union sacrée* wirken auf einen ausländischen Beobachter meist doch etwas aufgesetzt oder künstlich. Auch Präsident Macron hat in seinem Fernsehauftritt am 12. März 2020 zu Beginn der Corona-Pandemie ausdrücklich an die *Union sacrée* erinnert und versucht, so etwas wie nationale Einheit angesichts der unsichtbaren Gefahr durch das Virus zu beschwören. Der politische Streit um die nationale Reaktion auf die Pandemie ist allerdings nie wirklich verstummt, die Kriegsrhetorik dagegen recht schnell wieder aus dem öffentlichen Diskurs verschwunden. Der Appell an alle, zusammenzustehen, als Voraussetzung für den Erfolg der Republik auch in dieser Prüfung, findet allerdings weiterhin vielfältigen Ausdruck.

Von 2014 bis 2018 hat Frankreich mit viel Aufwand der Ereignisse des Ersten Weltkriegs gedacht. Zur Vorbereitung und Durchführung dieser Feierlichkeiten wurde eine eigene Mission gegründet.[29] Das Budget der Mission schwankte zwischen 5 Millionen Euro im Jahr 2017 und 11 Millionen Euro 2018. Die Mission hat eng mit Historikern aus Frankreich und Deutschland zusammengearbeitet und von einem beeindruckenden wissenschaftlichen Fundament aus gewirkt. Die deutsch-französische Zusammenarbeit kann dabei über den gesamten Zeitraum als intensiv und vertrauensvoll charakterisiert werden. Im Mittelpunkt stand dabei nicht die Frage des Sieges der einen (franzö-

---

29 siehe zu den internationalen Feierlichkeiten: *Mission du centenaire de la Première Guerre mondiale, Grande Guerre et rayonnement international. Bilan diplomatique du centenaire de la Première Guerre mondiale*, Paris 2019

sischen) Seite über die andere (deutsche) Seite, sondern das millionenfache Leiden und Sterben der Soldaten und der Bevölkerung auf allen Seiten in einem sinnlosen Gemetzel. Die französischen Akteure haben bei der Neugestaltung der Gedenkstätte in Verdun auch deutsche Historiker, insbesondere Gerd Krumeich, hinzugezogen. 2016 wurde die Gedenkstätte in neuem Geiste wiedereröffnet. Das Schlachtfeld mit den bis heute sichtbaren Spuren des Krieges bildet zusammen mit dem neuen *Mémorial* weiterhin einen zentralen Ort deutsch-französischen Gedenkens. Staatspräsident François Hollande und Bundeskanzlerin Angela Merkel haben im Frühjahr 2016 gemeinsam an einer großen Gedenkveranstaltung in Verdun teilgenommen. Hier hatten sich schon Präsident François Mitterrand und Bundeskanzler Helmut Kohl am 22. September 1984 in einer spontanen Geste über den Kriegsgräbern die Hand gereicht.

Die zentralen Feierlichkeiten zum 100. Jahrestag der Beendigung des Ersten Weltkriegs fanden dann um den 11. November 2018 statt. Dabei hat die französische Seite bewusst ein Konzept entwickelt, bei dem der zentrale Akt am 11. November in Paris eingerahmt wurde durch den gemeinsamen Besuch der Präsidenten Steinmeier und Macron auf einer Feier im Straßburger Münster eine Woche zuvor und durch eine Rede von Präsident Macron vor dem deutschen Bundestag eine Woche später, aus Anlass des Volkstrauertags am 25.11. Am Vorabend des 11. November fand eine weitere deutsch-französische Zeremonie bei Compiègne statt, am Ort der Unterzeichnung der Waffenstillstände von 1918 und 1940 – dem Ort, an dem Hitler seinen Rachegelüsten am 22. Juni 1940 freien Lauf gelassen hatte, indem er die Franzosen zwang, den Waffenstillstand auf derselben Lichtung und in demselben Eisenbahnwaggon zu unterzeichnen wie den Waffenstillstand von 1918. Der erste Besuch eines deutschen Regierungschefs nach dem Zweiten Weltkrieg und zugleich das erste gemeinsame deutsch-französische Gedenken (durch Präsident Macron und Bundeskanzlerin Merkel) an dieser besonders sensiblen Stätte waren so konzipiert, dass der Blick auf die deutsch-französische Aussöhnung und in die gemeinsame Zukunft gerichtet werden konnte.

In Deutschland ist erst langsam im Laufe der vier Jahre von 2014 bis 2018 das Bewusstsein für die Bedeutung dieser Gedenkveranstaltungen in Frankreich gewachsen. Ist bei uns doch die Erinnerung an das Grauen des Ersten Weltkriegs durch den von Deutschland verschuldeten Zweiten Weltkrieg und den Zivilisationsbruch der Shoah mit der Ermordung von 6 Millionen Juden überlagert. Und bei manchen Gesprächen am Rande dieser Veranstaltungen bin ich auf ein fast naives Erstaunen bei französischen Gesprächspartnern gestoßen, wenn ich ihnen davon erzählt habe, dass auch sehr viele deutsche Familien im Ersten (und im Zweiten) Weltkrieg Angehörige verloren haben. Insofern war das vom Deutsch-Französischen Jugendwerk 2016 anlässlich der Gedenkveranstaltung in Verdun organisierte mehrtägige Jugendtreffen von großem Wert. Die Jugendlichen aus Frankreich und Deutschland waren gebeten worden, in ihrer eigenen Familiengeschichte nach Spuren des Ersten Weltkriegs zu suchen und sich darüber auszutauschen. Besonders bewegend war die an diesen Tagen auch stattfindende Beerdigung eines deutschen Kriegstoten, der erst wenige Wochen zuvor bei Waldarbeiten entdeckt und identifiziert worden war. Dem Bund Deutscher Kriegsgräberfürsorge ist es zu verdanken, dass er 100 Jahre später an der Seite seines auch in Verdun gefallenen Bruders beigesetzt werden konnte.

Verdun und der Mythos der heldenhaften Landesverteidigung tragen bis heute auch zum positiven Bild und dem hohen Rang des Militärischen in der französischen Gesellschaft bei.

Die jährlichen großen Militärparaden anlässlich des französischen Nationalfeiertags sind aus dem öffentlichen Leben des Landes kaum wegzudenken. Sie werden von niemandem ernsthaft infrage gestellt. Im Gegenteil, die jeweiligen Staatspräsidenten nutzen sie als Schaufenster zur Selbstdarstellung Frankreichs. So lud Präsident Macron 2017 wenige Wochen nach seinem Wahlsieg US-Präsident Trump zum 14. Juli nach Paris ein und nahm die Parade zusammen mit ihm ab. Trump war so beeindruckt, dass er später auch in Washington eine Militärparade organisiert hat. Eine solide Basis für eine nachhaltige Arbeitsbeziehung ist auf dieser Grundlage dennoch nicht entstanden. 2019 lud Präsident Macron eine Reihe europäischer Staats- und Regierungschefs, darunter auch Bundeskanzlerin Merkel, ein, um sein Engagement und seine Führungsrolle beim Aufbau einer verstärkten militärischen Kooperation innerhalb der EU zu demonstrieren.

Das Vertrauen in die französischen Streitkräfte zeigt sich auch darin, dass französische Soldaten seit Jahren an der Abwehr von Terrorangriffen auch im Inland beteiligt sind; so seit 2015 in der *Opération Sentinelle*, in deren Rahmen bis zu 10.000 Soldaten im ganzen Land an neuralgischen Punkten schwer bewaffnet Streife gehen: auf Flughäfen, in Bahnhöfen, in U-Bahn-Stationen und an herausragenden Sehenswürdigkeiten wie dem Eiffelturm. Dieser Einsatz im Inneren ist in der öffentlichen Debatte völlig unumstritten. Er kommt in regelmäßigen Umfragen auf Zustimmungswerte um die 75 %. Als die Operation im Januar 2015 nach den ersten großen Terroranschlägen in Paris von Präsident Hollande ins Leben gerufen wurde, hatten die Soldaten rechtlich nur die Möglichkeit, die Polizei im Rahmen der Notwehr und Nothilfe zu unterstützen. Bei den Anschlägen im November 2015 zeigte sich dann, wie eingeschränkt ihre Möglichkeiten waren; so konnten sie die Polizei bei der Befreiung des Konzertsaals Bataclan im Zentrum von Paris nicht unterstützen. In den folgenden Monaten wurden dann die Rechtsgrundlagen für den Einsatz dahingehend verändert, dass die Soldaten heute die Möglichkeit haben, bei klar umrissenen Ausnahmetatbeständen die Waffe als Ultima Ratio und unter dem strikten Gebot der Verhältnismäßigkeit einzusetzen. Diese Gesetzesänderungen wurden in Frankreich ohne große öffentliche Debatte angenommen.

Der Einsatz im Inneren, der eindeutig nicht zu den Kernaufgaben der Streitkräfte gehört, führt die Armee aber auch an ihre Leistungsgrenzen, sodass der Einsatz über die letzten Jahre graduell zurückgefahren worden ist. Ihn gänzlich zu beenden, traut sich die Regierung allerdings auch nicht, obwohl sich durchaus die Frage nach der Effizienz dieser Maßnahme stellt und Soldaten ebenso wie Polizeibeamte in den letzten Jahren auch immer wieder selbst zu Anschlagszielen geworden sind.

Die Einsätze der Armee im Inneren und im Äußeren (insbesondere im Nahen und Mittleren Osten und in Mali) im Kampf gegen den islamistischen Terror, der in Frankreich als die derzeit größte Bedrohung wahrgenommen wird, hat dazu geführt, dass das Ansehen des Militärs in den letzten zehn Jahren auf ein sehr hohes Niveau gestiegen ist. Im Vergleich zu allen anderen europäischen Ländern verzeichnet das französische Militär den größten Anstieg an Zustimmung in diesem Zeitraum. In einer repräsentativen Umfrage, die im Januar 2019 veröffentlicht wurde (CEVIPOF-Barometer) erklärten 74 % der Befragten, dass sie dem Militär vertrauten. Das ist an sich schon ein sehr hoher Wert. Besonders bemerkenswert ist allerdings der Abstand bspw. zu den politischen Parteien, denen nur 9 % der Befragten ihr Vertrauen aussprachen, oder zu den Medien, die auf 23 % kommen. Allerdings war in Frankreich seit dem Zweiten Weltkrieg die Zustimmung zum Militär nicht immer so hoch. Tiefpunkte markierten der Algerienkrieg Ende der 1950er- und Anfang der 60er-Jahre sowie die Studentenproteste der späten 60er- und frühen 70er-Jahre mit ihrer starken antimilitaristischen Komponente.

Und auch heute gibt es Schattenseiten. Die Streitkräfte und ihr Alltag sind den meisten Menschen fremd. Das hat sich seit der Abschaffung der Wehrpflicht unter Präsident Jacques Chirac 1997 noch verstärkt. Der militärische Alltag, das Leben in Kasernen, die häufigen und langen Auslandseinsätze und die besonderen Schwierigkeiten der Vereinbarkeit von Beruf und Familie können sich die allermeisten Menschen nicht vorstellen.[30] So hat die französische Armee, trotz Prestige und öffentlicher Anerkennung, nicht unerhebliche Rekrutierungsprobleme. 2018 stellte der französische Rechnungshof fest, dass 6.000 der 270.000 Stellen bei den Streitkräften unbesetzt waren. Und die militärische Führung klagt regelmäßig mehr oder weniger laut über frühe Abgänge und Schwierigkeiten bei der Personalbindung. Dabei leistet die Armee durchaus auch einen Beitrag zur gesellschaftlichen Integration. Viele junge Rekruten stammen aus den Vorstädten oder haben einen Migrationshintergrund. Diese jungen Menschen finden hier eine Aufgabe und die Anerkennung, die ihnen sonst in der französischen Gesellschaft oft verwehrt bliebe.

Insgesamt gibt Frankreich für seine Streitkräfte in den letzten Jahren Finanzmittel nah an den von der NATO gewünschten 2 % des Bruttoinlandsprodukts aus (2019: 1.84 %, 2020: 1,86 %). Bis 2025 soll das 2-%-Ziel erreicht werden. In den Verteidigungsausgaben enthalten sind auch die Ausgaben für die französischen Atomstreitkräfte. Frankreich verfügt weiterhin sowohl über eine seegestützte wie über eine luftgestützte Komponente – und hat auch nicht die Absicht, künftig

30 siehe dazu Bénédicte Chéron, *Le Soldat méconu*, Paris 2018

darauf zu verzichten. So wird derzeit z. B. nach und nach der Bestand an Atom-U-Booten, die eine wichtige Komponente der seegestützten Atomstreitkraft sind, modernisiert. Auch dieses Engagement ist in der Öffentlichkeit keineswegs umstritten, sondern gilt vielmehr als Ausdruck französischer Eigenständigkeit und Größe. Kommentatoren und politische Akteure wünschen sich eher, dass die EU dieses besondere französische Engagement – ebenso wie die Anti-Terror-Einsätze im Sahel – auch als ein Engagement für die europäische Verteidigung honoriert. Präsident Macron hat in einer Rede Anfang 2020 diesen Wunsch ausdrücklich ausgesprochen, gleichzeitig aber die geltende französische Doktrin bekräftigt, wonach Frankreich allein über sein Nuklearsenal bestimmt. Wie er sich Abstimmung und Austausch mit den europäischen Partnern unter dieser Prämisse genau vorstellt, ist bisher unklar geblieben. Den anderen Europäern ist zwar die Teilnahme an militärischen Übungen angeboten worden, allerdings ohne, dass dies bisher konkretisiert worden wäre. An eine stärkere Einbindung in die nukleare Abschreckungskomponente der NATO ist auf französischer Seite jedenfalls nicht gedacht.

Insgesamt besteht auch unter Präsident Macron weiterhin ein Spannungsverhältnis zwischen der postulierten strategischen Autonomie Frankreichs und der angestrebten europäischen Handlungsfähigkeit. Im Oktober 2017 hat die Regierung von Édouard Philippe dazu in einem Strategiepapier Folgendes formuliert:

> *„Als einziges ständiges Mitglied der Europäischen Union im UN-Sicherheitsrat (nach dem Brexit) und als Nuklearmacht, Gründungsmitglied von EU und NATO sowie im Besitz von Streitkräften für das gesamte Einsatzspektrum muss Frankreich eine doppelte Zielsetzung verfolgen: seine strategische Autonomie zu wahren und zugleich dazu beizutragen, angesichts der Vervielfachung der gemeinsamen Herausforderungen ein stärkeres Europa aufzubauen.“*

Dieser Text macht aber auch unmissverständlich deutlich, dass am Ende der Anspruch der nationalen Autonomie dominiert. Dabei ist auch den französischen Entscheidungsträgern bewusst, dass Frankreich alleine die enormen Entwicklungs- und Produktionskosten der nächsten Generation von land- und luftgestützten Waffensystemen kaum wird finanzieren können. Frankreich ist hier auf europäische, insbesondere deutsch-französische Kooperation angewiesen. Die Beschlüsse des Deutsch-Französischen Verteidigungs- und Sicherheitsrats vom 13. Juli 2017 haben dem Rechnung getragen. Deutschland und Frankreich haben gemeinsame Rüstungsprogramme in einem nie dagewesenen Umfang auf die Schiene gesetzt. Nach über einjährigen Verhandlungen haben sich beide Länder im Oktober 2019 auch auf gemeinsame Regeln zur Kontrolle von Rüstungsexporten geeinigt, jedenfalls insoweit beide Seiten betroffen sind. Dabei gelten in Frankreich Rüstungsexporte zuallererst als Ausdruck eigener technologischer Stärke. Und politisch gibt es einen breiten Konsens, dass Rüstungsexporte unerlässlich seien, um eine leistungsfähige französische Rüstungsindustrie zu erhalten. Sie gehören nach dieser Auffassung direkt zur strategischen Autonomie! Auch ein sozialistischer Präsident wie François Hollande und seine Regierung haben Rüstungsexporte stark unterstützt und erfolgreiche Geschäftsabschlüsse stets auch öffentlich als große Erfolge der französischen Diplomatie gefeiert.

In der politischen Diskussion im Parlament, in den Medien und in den einschlägigen Thinktanks führt all das insgesamt zu einer starken Betonung des Militärischen. Man neigt schnell zu der Auffassung, dass ein internationaler Konflikt einer militärischen Lösung oder zumindest einer militärischen Antwort bedarf. Daran haben auch die Entwicklungen der letzten Jahre in Afghanistan, in Syrien, im Mittleren Osten, in Libyen oder in Mali nichts Grundsätzliches geändert. Wer zu drängende Fragen nach diplomatischen oder politischen Lösungen stellt, wird leicht als einer wahrgenommen, der sich vor der eigentlichen, der militärischen Antwort drücken will. So hat z. B. Nicolas Sarkozy, als es um den Einsatz in Libyen ging, Fragen nach dem „danach“, nach den Folgen für die Stabilität des Landes und der Region, nicht gelten lassen. Es ging darum, rasch und unter Einsatz militärischer Mittel eine humanitäre Katastrophe in Bengasi zu verhindern. Dass Frankreich dann zwei Jahre später in Mali intervenieren musste, um einen Sieg der Islamisten in Mali in letzter Sekunde zu verhindern, und dass die Lage in Libyen selbst bis heute nicht befriedet ist, wird in der öffentlichen Debatte mit der Entscheidung zur Intervention von 2011 kaum in Verbindung gebracht.

Und in der Praxis bleibt Frankreich trotz des Anspruchs auf strategische Autonomie auf die Unterstützung von NATO-Partnern, insbesondere der USA, bei der Durchführung und vor allem bei der Aufrechterhaltung seiner Auslandseinsätze über einen längeren Zeitraum angewiesen. Das gilt genauso für den Mittleren Osten wie für Subsahara-Afrika. Frankreich zieht es dabei immer vor, solche Einsätze mithilfe von Adhoc-Koalitionen durchzuführen, statt sie einer internationalen Organisation wie NATO oder EU anzuvertrauen. Die Hauptargumente dafür sind größere Flexibilität, bessere Reaktionsfähigkeit und einfachere Entscheidungsstrukturen. Und freilich fällt es dann auch einfacher, eine französische Führungsrolle herauszustreichen.

Der Staatspräsident ist und bleibt der Oberkommandierende, der solche Einsätze in eigener Verantwortung beschließen kann. Mit der Verfassung der Fünften Republik wird der Präsident der Republik zum Chef der Streitkräfte (Art. 5). Das war in den unruhigen Zeiten des Algerienkriegs sicherlich gerechtfertigt und auf den ersten Präsidenten der Fünften Republik, Charles de Gaulle, zugeschnitten. De Gaulle wollte es so, um die Entscheidungsgewalt zu zentralisieren. Für die nachfolgenden Präsidenten der Fünften Republik stellt sich die Frage natürlich nicht mehr so wie 1958, aber alle haben an dieser Funktion festgehalten. Die Präsidenten müssen sich heute in dieser Funktion beweisen, insbesondere wenn sie, anders als de Gaulle, keinerlei militärische Vergangenheit haben. Dabei müssen sie auch den richtigen Umgang mit dem Militär lernen. So hat etwa Präsident Macron im Juli 2017, wenige Wochen nach seinem Amtsantritt, den damaligen Generalstabschef erst öffentlich kritisiert und dann entlassen, auch um seine Autorität zu demonstrieren – eine Entscheidung, die sowohl in der Öffentlichkeit wie in den Streitkräften mit einiger Verwunderung aufgenommen wurde. Danach hat sich sein Verhältnis zum Militär aber rasch positiv entwickelt und stabilisiert.

Das Parlament wird über Militäreinsätze dagegen erst ex post unterrichtet und bekommt in aller Regel nicht einmal die Gelegenheit zu einer Abstimmung. Als sich 2013 unter Berufung auf ihre Parlamente erst das Vereinigte Königreich und dann auch die USA unter Obama aus einer schon vereinbarten Militäraktion gegen das syrische Regime (wegen des Einsatzes von Chemiewaffen) in letzter Sekunde zurückzogen, war das ein richtiger Schock in Frankreich, den die politische Klasse bis heute nicht verdaut hat. Präsident Macron hat dann zu Beginn seiner Amtszeit im April 2018 einen begrenzten Luftschlag gegen Chemiewaffenanlagen in Syrien zusammen mit den USA und dem Vereinigten Königreich durchführen lassen, auch um zu demonstrieren, dass Frankreich willens und in der Lage ist, eine Führungsrolle zu übernehmen. Solche militärischen Aktionen seien, so Macron, nur von Mächten ersten Ranges durchführbar. Im politischen und militärischen Ringen um Syrien nimmt Frankreich trotzdem bis heute nicht die Rolle ein, die ihm nach Meinung der Franzosen zustünde.

KAPITEL VI: 1940–1947: Der Zusammenbruch, de Gaulle und die „Wiederauferstehung“

Der französische Zusammenbruch im Sommer 1940 war für Frankreich eine traumatische Erfahrung. Hatte man im Ersten Weltkrieg den deutschen Angreifern noch die Stirn geboten – unter gewaltigen Opfern, aber letztlich erfolgreich – , dauerte es 1940 vom deutschen Angriff (10. Mai) bis zum Einmarsch deutscher Truppen in Paris (14. Juni) und der Unterzeichnung des Waffenstillstands (22. Juni) nur wenige Wochen.[31] In diesen wenigen Tagen war Frankreich – seine Armee, der Staat, die Republik – in sich zusammengefallen wie ein Kartenhaus; die territoriale und staatliche Einheit, die über Jahrhunderte gewachsen war, plötzlich zerbrochen; 8 Millionen Franzosen auf der Flucht im eigenen Land und 1,8 Millionen französische Soldaten in deutscher Kriegsgefangenschaft.

Alle folgenden Anstrengungen zur Neubegründung des französischen Staats – zunächst während des Krieges in Vichy, dann nach dem Krieg und schließlich mit der Gründung der Fünften Republik im Jahr 1958 – hatten das erklärte Ziel, einen abermaligen solchen Zusammenbruch für die Zukunft verlässlich auszuschließen.

Gleichzeitig spalte die Niederlage das Land tief. Zunächst zeigte sich das an den Auseinandersetzungen innerhalb der Regierung, die der Bitte um einen Waffenstillstand an die deutsche Seite vorausgingen. Sie vertieften sich im Laufe der Kriegsjahre und mündeten kurz vor der Befreiung in bewaffneten Auseinandersetzungen zwischen Widerständlern und Kollaborateuren, die durchaus das Potenzial für einen Bürgerkrieg hatten. In den Jahrzehnten nach Kriegsende sind diese Spannungen nur langsam nach und nach abgebaut bzw. abgeschwächt worden. Auch heute noch ist zum Beispiel eine Gewerkschaftsorganisation wie die CGT stolz auf ihre Vergangenheit im kommunistischen Widerstand. Es ist auch kein Wunder, dass das zentrale Museum zur Résistance in einer seit 1950 bis heute durchgehend kommunistisch regierten Gemeinde östlich von Paris zu finden ist (das *Musée de la Résistance Nationale* in *Champigny-sur-Marne*).

31 siehe dazu Waechter, S. 221–249

Der sich abzeichnende Gegensatz zwischen Kollaboration und Widerstand findet seinen Ausdruck innerhalb der Regierung Reynaud (März bis Juni 1940). Zunächst nimmt der Regierungschef Marschall Pétain als Vize-Premierminister in die Regierung auf und wenig später General de Gaulle als stellvertretenden Verteidigungsminister. So waren die beiden die französische Politik der nächsten Jahre prägenden Persönlichkeiten für kurze Zeit in einer Regierung vereint. Als diese Regierung dann am 16. Juni in Bordeaux die Entscheidung trifft, um einen Waffenstillstand zu bitten, trennen sich die Wege der beiden Männer. Pétain übernimmt die Regierung mit dem Rücktritt von Reynaud und erklärt öffentlich die Gründe für den Waffenstillstand. De Gaulle dagegen fliegt noch am 16. Juni von Bordeaux nach London, wo er am 18. Juni in seinem berühmten Appell über die BBC die Franzosen zur Fortsetzung des Kampfes gegen die Deutschen aufruft.

Im Laufe des Krieges und vor allem ab der Besetzung ganz Frankreichs im November 1942 nimmt der Widerstand im Lande zu; gleichzeitig vertieft die Vichy-Regierung unter Pierre Laval und Staatspräsident Pétain die Kollaboration mit den deutschen Besatzern.

Die Beschwörung der *Résistance* und des französischen Beitrags zur Befreiung Frankreichs und zum Sieg über Hitler-Deutschland wurden in der Nachkriegszeit zum Kitt für die ideologische Wiederaufrichtung Frankreichs und den zu erneuernden Zusammenhalt der Gesellschaft.

De Gaulle setzte nach der Landung der Alliierten in der Normandie am 6. Juni und in der Provence am 15. August 1944 alles daran, den französischen Anteil an der Befreiung Frankreichs herauszustreichen. Dazu gehörte die militärische Befreiung von Paris am 25. August 1944, die für die Alliierten eher nachrangig war. Dazu gehörte auch die Rede, die de Gaulle aus diesem Anlass in Paris hielt. Sie legte den Grundstein für das Narrativ von der Befreiung aus eigener Kraft.

> *„Paris! Paris outragé! Paris brisé! Paris martyrisé! mais Paris libéré! libéré par lui-même, libéré par son peuple avec le concours des armées de la France, avec l'appui et le concours de la France tout entière, de la France qui se bat, de la seule France, de la vraie France, de la France éternelle."*

In deutscher Übersetzung:

„Paris! Geschmähtes Paris! Gepeinigtes Paris! Gequältes Paris! Aber befreites Paris! Durch sich selbst befreit, befreit von seinem Volk mit der Hilfe der französischen Armee, mit der Unterstützung und der Beteiligung von ganz Frankreich; von dem Frankreich, das kämpft; dem einzigen Frankreich, dem wahren Frankreich, dem ewigen Frankreich.“

Für die Alliierten kein Wort! Und dass der Kollaborateur Pétain noch am 26. April 1944, bei seinem ersten Paris-Besuch seit dem Waffenstillstand 1940, von den gleichen Parisern mit Ovationen begrüßt worden war, war auch vergessen. Der Raum in der Pariser Polizeipräfektur, in dem der deutsche Oberbefehlshaber von Paris, General von Choltitz, die Kapitulation der deutschen Truppen unterzeichnet hat, ist bis heute in weitgehend originalgetreuem Zustand erhalten.

Gleichzeitig hat de Gaulle versucht, die Vichy-Zeit aus der Kontinuität der französischen Geschichte auszuklammern. So sagte er schon unmittelbar nach der Befreiung von Paris:

„La République n'a jamais cessé d'être. La France libre, la France combattante, le Comité français de libération nationale l'ont tour à tour incorporée. Vichy fut toujours et demeure nul et non avenu. Moi-même je suis le président du gouvernement de la République. Pourquoi irais-je la proclamer?“

In deutscher Übersetzung:

„Die Republik hat nie aufgehört zu existieren. Das freie Frankreich, das kämpfende Frankreich, das französische Komitee der nationalen Befreiung haben die Republik nacheinander verkörpert. Vichy war und wird für immer null und nichtig bleiben. Ich bin der Präsident der Regierung der Republik. Warum sollte ich sie ausrufen?“

(Jean Lacouture, *Charles de Gaulle*, Band I: Le Rebelle, 1889–1944, Paris 1984, S. 834)

Um die französische Widerstands- und Siegesgeschichte erzählen zu können, hat de Gaulle einen Bogen von 1914 bis 1944 gespannt und Frankreich als den Sieger in einem dreißigjährigen Ringen mit Deutschland dargestellt. Dieses Narrativ hat dann allerdings auch dazu geführt, dass Frankreich sich lange nicht mit der Kollaboration und seiner Rolle bei den Verbrechen von Nazi-Deutschland und insbesondere der Shoah auseinandergesetzt hat. Diese Auseinandersetzung wurde nach dem Krieg schnell zurückgestellt, um eine neue Einheit in Frankreich aus dem Mythos der *Résistance* schaffen zu können. Erst Jacques Chirac ist 1995 den entscheidenden Schritt gegangen und hat die Verantwortung Frankreichs für die Verbrechen der Vichy-Zeit, insbesondere für die Judenverfolgung und -deportation anerkannt. Noch François Mitterrand war vor diesem Schritt zurückgeschreckt.

Das von de Gaulle gestiftete Narrativ wirkt bis heute nach. Gerade auch viele der Mitläufer wollten an dieses Narrativ glauben. Auch heute noch wird bei den jährlichen Feierlichkeiten zum Jahrestag der Landung der Alliierten in der Normandie am 6. Juni der französische Beitrag stets gebührend gewürdigt. Als erster deutscher Bundeskanzler ist im Jahr 2004 (zum 60. Jahrestag der Landung) Gerhard Schröder von Präsident Chirac zu diesen Veranstaltungen eingeladen worden. 2014 lud Präsident Hollande Bundeskanzlerin Angela Merkel erneut ein. Eine bewegende Choreographie endete 2014 mit der Europahymne: ein neues, positives, nach vorne gerichtetes Narrativ, das sich bei den D-Day-Feierlichkeiten allerdings nur langsam durchsetzt.

Dies alles muss man verstehen, um die Konstanten der französischen Außen- wie Innenpolitik nach dem Krieg einordnen zu können. Diese beiden Aspekte möchte ich im Folgenden gesondert behandeln.

Für das wiederauferstehende Frankreich waren in den internationalen Beziehungen nach dem Krieg drei Elemente entscheidend, um seine zurückgewonnene Bedeutung, seinen Rang zu behaupten:

1. Der Status einer Besatzungsmacht in Deutschland durch die Überlassung einer Besatzungszone im Westen Deutschlands durch Briten und Amerikaner. Daraus leitete sich die Rolle Frankreichs als eine unter den Vier Mächten ab, die ihren letzten Niederschlag 1990 im Zwei-Plus-Vier-Vertrag zur Regelung der äußeren Aspekte der Deutschen Einheit gefunden hat.
2. Der ständige Sitz Frankreichs im Sicherheitsrat der neu gegründeten Vereinten Nationen.
3. Die Rolle als Nuklearmacht mit der Schaffung der französischen Nuklearstreitkräfte. Schon im Oktober 1945 gründete General de Gaulle mit dem *Commissariat à l'Energie*

Atomique (CEA) die Keimzelle der staatlichen Forschungseinrichtung für die Nutzung der Atomenergie. 1954 begann der Aufbau eines militärischen Programms und 1960 erfolgte der erste Test einer französischen Atomwaffe in Algerien.

Die weiterhin große Bedeutung der beiden zuletzt genannten Elemente in der französischen Außen- und Sicherheitspolitik zeigt sich daran, dass Frankreich auch heute noch sehr empfindlich auf alle Vorschläge reagiert, die den französischen Sitz im Sicherheitsrat der Vereinten Nationen infrage stellen und stattdessen etwa für einen gemeinsamen europäischen Sitz plädieren. Kommen solche Vorschläge gar von der deutschen Seite, empfindet man sie als besonders unsensibel und unpassend. Seinen ständigen Sitz wird sich Frankreich bei allen Rufen nach einer größeren Rolle der EU in der Weltpolitik so schnell nicht nehmen lassen.

Auch mit Blick auf die Abrüstung der Nuklearwaffen hat Frankreich seine Sonderstellung immer entschieden verteidigt. Frankreich tritt durchaus für den Abbau der (über-)großen Nuklearpotenziale etwa der USA und Russlands ein. Initiativen, die auf eine völlige De-Nuklearisierung zielen und damit auch auf das französische Potenzial, finden dagegen keine Unterstützung. Die eigenen Nuklearwaffen bleiben im französischen Selbstverständnis die Ultima Ratio, die letzte Rückversicherung. Diese Waffen stehen dafür, dass Frankreich einerseits auf niemanden angewiesen sei, um sich zu verteidigen, und dass andererseits die Abschreckungswirkung so hoch sei, dass niemand es wagen wird, Frankreich anzugreifen. 1940 darf sich nicht wiederholen!

Wenn Präsident Macron also heute von europäischer Souveränität spricht, dann unter Bewahrung dieser Grunddeterminanten der französischen Außen- und Sicherheitspolitik der letzten Jahrzehnte. Frankreich ist auch unter Macron letztlich nicht bereit, in diesen Fragen Souveränität an die europäische Ebene abzugeben. Seit Jahrzehnten haben sich alle französischen Präsidenten und Regierungen allen Bemühungen in den Weg gestellt, im Rahmen der europäischen Außen- und Sicherheitspolitik auch nur einen begrenzten Einstieg in Mehrheitsentscheidungen zu ermöglichen. Das französische Veto ist und bleibt nicht verhandelbar, steht aber in einem nicht auflösbaren Spannungsverhältnis mit dem gerade in Frankreich lauten Ruf nach einer größeren geopolitischen Rolle Europas.

Innenpolitisch entstand in Frankreich nach dem Krieg ein aus der *Résistance* hervorgegangenes Spannungsverhältnis zwischen de Gaulle und den Gaullisten einerseits und den Kommunisten andererseits. Diese Darstellung verkürzt zwar das komplexe politische Leben Frankreichs zwischen 1944 und 1947, bezeichnet aber sehr wohl die wichtigsten sich gegenüberstehenden Pole. Beide, Gaullisten und Kommunisten, konnten ihre Legitimität aus ihrer Rolle im Widerstand ableiten – de Gaulle aus dem Widerstand von außen und die Kommunisten aus dem Widerstand im Inneren (der ab 1943 zusehends auch zu einem bewaffneten Widerstand gegen das Vichy-Regime und den deutschen Besatzer wurde).

Hier ist nicht der Ort, dieses komplexe Verhältnis im Einzelnen nachzuzeichnen. Letztlich kann man aber sagen, dass die Kompromissfähigkeit der beiden Lager – trotz vielfältiger gegenseitiger Enttäuschungen und fundamentaler Meinungsverschiedenheiten – ein Abgleiten Frankreichs in einen Bürgerkrieg zu verhindern vermochte. Die grundlegenden Kompromisse für den politischen, wirtschaftlichen und gesellschaftlichen Neuanfang wurden zunächst in der provisorischen Regierung unter de Gaulle bis November 1945 und in den ersten Jahren der Vierten Republik bis September 1947 getroffen. Ab September 1947 musste sich die französische Kommunistische Partei auf Anweisung Moskaus aus der Regierung zurückziehen und in eine Fundamentalopposition begeben. Der Beginn des Kalten Kriegs zwischen Ost und West zeigte auch hier seine Wirkungen. Obwohl die Kommunistische Partei aus den Wahlen im Herbst 1945 mit 26 % der Wählerstimmen zum ersten Mal als stärkste Kraft hervorgegangen war, musste sie sich jetzt aus der Regierungsverantwortung zurückziehen.

De Gaulle selbst war im Januar 1946 vom Amt des Regierungschefs zurückgetreten. Er tat sich schwer damit, die wiederauflebende Parteiendemokratie mit seiner Vorstellung eines überparteilichen Staats- oder Regierungschefs zu vereinbaren. Er rief – erfolglos – dazu auf, gegen die neue Verfassung der Vierten Republik zu stimmen, die in vielem an die Verfassung der Dritten Republik anknüpfte, insbesondere mit der zentralen Rolle des Parlaments. De Gaulle hatte zuvor seine Vorstellungen einer Präsidialdemokratie in einer Rede dargelegt, die sich aber erst 1958 in der bis heute gültigen Verfassung der Fünften Republik durchgesetzt haben.

Die entscheidenden Grundlagen des neuen Gesellschaftsvertrags sind ebenfalls in den ersten Nachkriegsjahren gelegt worden. Sie prägen Frankreich in unterschiedlichem Maße noch heute. Es kam zur Verstaatlichung vieler Betriebe, insbesondere im Transport- und Energiesektor. Es entstand ein neues Sozialversicherungssystem, *la sécurité social*, mit dem ein universales System angestrebt wurde, das sich aber nur unvollständig durchsetzen ließ. Und es entstanden starke gewerkschaftliche Basen insbesondere in den neuen Staatsbetrieben, die bis heute wichtige Bastionen der ursprünglich kommunistischen Gewerkschaft CGT sind.

Auf diese drei Aspekte – die Verstaatlichungen, das neue Sozialversicherungssystem und die Verankerung der Gewerkschaften in den staatlichen Betrieben – möchte ich wegen ihrer fortdauernden Bedeutung ausführlicher eingehen.

Die Verstaatlichungen

In Frankreich hat schon im *Ancien Régime* der Staat immer wieder eine aktive Rolle in der Wirtschaft gespielt und sich z. B. für die Ansiedlung von Wirtschaftszweigen engagiert. Bis heute bekannt sind die Anstrengungen des Wirtschafts- und Finanzministers von Ludwig XIV., Jean Baptist Colbert. Er förderte Manufakturen in Frankreich, schuf die französischen Handelskompanien, aber auch naturwissenschaftliche Akademien, und verbesserte die Infrastruktur durch die Befestigung der Landstraßen zu festen Chausseen. Sein Wirken wird bis heute positiv bewertet und hat die Tradition eines in die Wirtschaft aktiv eingreifenden Staats begründet.

Durch den von Colbert beförderten Merkantilismus war in Frankreich eine frühe Form der Industrialisierung schon im 18. Jahrhundert relativ weit fortgeschritten. Es hatten sich große Zentren der Leinenweberei und Textilproduktion entwickelt. Im 19. Jahrhundert entwickelte sich die eigentliche Industrialisierung in Frankreich dann deutlich schleppender als in Deutschland oder England. Erst in der Dritten Republik im ausgehenden 19. und beginnenden 20. Jahrhundert holte Frankreich langsam wieder auf. Jetzt entstanden auch in Frankreich neue Industriezweige, die oft von weitsichtigen Industriellen oder Ingenieuren gegründet wurden. Familien wie Renault, Peugeot, Dassault oder Michelin, Hermès und Vuitton gehörten dazu.

Mit der Industrialisierung entstanden auch erste Gewerkschaften und linke Parteien und auch Frankreich erlebte die mit der Industrialisierung einhergehenden Sozialkonflikte. Unter der ersten von den linken Parteien dominierten Volksfront-Regierung unter Léon Blum 1936/37 kam es dann zur ersten größeren Welle von Verstaatlichungen. Sie betraf die Rüstungs- und Luftfahrtindustrie sowie die unterschiedlichen Eisenbahngesellschaften, die in einer nationalen Gesellschaft, der SNCF (*Société Nationale des Chemins de Fer*), zusammengefasst wurden. Léon Blum setzte auch weitere Sozialreformen durch – insbesondere den ersten bezahlten Urlaub in Frankreich, wofür er heute noch populär ist.

Nach dem Zweiten Weltkrieg kam es dann zu weiteren umfangreichen Verstaatlichungen. Schon unter der provisorischen Regierung von de Gaulle wurde Renault verstaatlicht, eine Maßnahme, die weniger mit wirtschaftspolitischen Gründen als mit der Kollaboration von Renault mit den deutschen Besatzern zu tun hatte. Danach folgten vor allem der Energie- und der Transportsektor. So entstand 1946 mit der EdF (*Electricité de France*)/GdF (*Gaz de France*) ein großer Monopolist im Energiebereich. Über 1.400 Unternehmen aus dem Sektor wurden dazu verstaatlicht und zusammengelegt. Auch der Kohlebergbau wurde in den *Charbonnages de France* (CdF) weitgehend zusammengelegt und verstaatlicht. Dazu kamen die staatliche Fluggesellschaft Air France 1945, die Pariser Verkehrsbetriebe im Rahmen der Gründung der RATP (*Régie Autonome des Transports Parisiens*) 1948 sowie Unternehmen aus dem Versicherungs- und Bankenwesen. Im Gefolge dieser Verstaatlichungen stieg die Zahl der im Staatssektor Beschäftigten auf ca. 660.000 Mitarbeiter an. Zusammen mit den 1,5 Millionen Mitarbeitern im öffentlichen Dienst beschäftigte der Staat jetzt 2,16 Millionen Angestellte, etwa 13 % der arbeitenden Bevölkerung.[32]

32 Wächter, S. 305

Diese staatlichen Unternehmen haben zum wirtschaftlichen Wiederaufbau nach dem Krieg einen wichtigen Beitrag geleistet. Sie gehören zu den Motoren des Wiederaufschwungs in der 50er- und 60er-Jahren. Sie führten landesweit einheitliche Standards ein, weiteten die Produktion aus, verbesserten die Infrastruktur und somit insgesamt die Versorgung der Industrie und der privaten Haushalte mit Energie und Transportleistungen.

Die verstaatlichten Energieunternehmen waren dann auch die Plattform, auf der Frankreich ab dem Beginn der 70er-Jahre seine zivile Nuklearindustrie aufgebaut hat. Sie bleibt bis heute ein wesentliches Charakteristikum der französischen Energieproduktion. In 56 Reaktoren an 14 Standorten produziert Frankreich auch heute noch ca. 70 % seines Stroms. Diese Form der Energiegewinnung ist in Frankreich weitgehend unumstritten und steht für viele Franzosen auch für die nationale Unabhängigkeit in Energiefragen (und heute außerdem für geringen CO2-Ausstoß). Die zunehmenden Kosten werden dabei bisher kaum öffentlich diskutiert. So sind die Kosten für den nächsten Reaktortyp, der in Flammanville in der Normandie gebaut wird, über die Jahre weit aus dem Ruder gelaufen. Aus den ursprünglich geschätzten 3,4 Milliarden Euro sind inzwischen über 12,4 Milliarden Euro geworden und ein Ende ist noch nicht absehbar. Der französische Rechnungshof hat im Sommer 2020 diese Kostensteigerung in einem Sondergutachten deutlich kritisiert. In den kommenden Jahren wird Frankreich vor der Frage stehen, wieviel das Land in eine Rundum-Erneuerung seiner Atommeiler investieren möchte. Da kommen sehr hohe Ausgaben auf den Energieriesen EdF und den französischen Staat zu.

Nach der Wahl von François Mitterrand zum Staatspräsidenten 1981 kam es zu einer dritten großen Verstaatlichungswelle. Im Mittelpunkt standen dieses Mal große Industriebetriebe wie *Saint-Gobain*, *Thomson* oder *Rhône-Poulenc*, aber auch viele Banken wie Paribas oder die Bank *Rothschild*. Viele dieser Verstaatlichungen wurden fünf Jahre später, nach der Parlamentswahl 1986, durch eine konservative Mehrheit wieder zurückgenommen. Kurzzeitig führten die Verstaatlichungen unter Mitterrand zu einem Beschäftigungsanteil von 24,7 % im öffentlichen Sektor.

Erst langsam wurden im Zuge der Entstehung des europäischen Binnenmarkts und der damit einhergehenden Liberalisierung in den letzten Jahren diese Monopolstellungen aufgebrochen und die Unternehmen einer Konkurrenz auf dem Markt ausgesetzt. Die alten Monopolisten haben sich dabei lange hinhaltend gewehrt und auch die Gewerkschaften, die im Zuge der Liberalisierung um ihre Privilegien bangten, gehörten zu den retardierenden Elementen.

Auch heute noch ist der Staatsektor in Frankreich groß. Der Staat ist z. B. weiterhin alleiniger Eigner der SNCF, der Pariser Verkehrsbetriebe RATP und der Pariser Flughäfen sowie Mehrheitseigner der EdF und vieler Rüstungsunternehmen wie z. B. *Nexter* oder *Naval Group*. Bei vielen anderen Betrieben hält der Staat noch bedeutende Anteile, etwa bei solchen im Energiesektor, die aus dem Monopolisten EdF/GdF hervorgegangen sind (wie *Engie* oder *Suez*), aber auch bspw. weiterhin bei *Renault*.

Einen Großteil seiner Beteiligungen fasste der Staat seit 2004 in der staatlichen Beteiligungsagentur APE (*Agence des Participations de l'État*) zusammen. Heute gehören 88 Unternehmen mit 1,7 Millionen Arbeitnehmern zum Portfolio der APE. Schwerpunkte bleiben die Luft- und Raumfahrt, Rüstung, Energie, Transport und Banken. Darunter sind 12 börsennotierte Unternehmen mit Anteilen im Wert von ca. 75 Milliarden Euro. Hinzu kommen die Aktivitäten der 2012 gegründeten staatlichen Förderbank BPI (*Banque Publique d'Investissement*). Sie betreibt durch ihre Unternehmensbeteiligungen eine aktive Förder- und Industriepolitik. Neben einer großen Anzahl von Start-ups gehören dazu auch Schwergewichte wie der Automobilzulieferer *Valeo* (mit gut 5 %). Insgesamt hält die Bank Direktbeteiligungen an mehr als 1.000 Unternehmen.

Der öffentliche Dienst in Frankreich beschäftigte im ersten Quartal 2020 5,793 Millionen Arbeitnehmer. Das sind 23,1 % aller Angestellten in Frankreich. Rechnet man die Beschäftigten in den öffentlichen Unternehmen wie EdF oder *La Poste* hinzu, so sind um die 26 % der Lohn- und Gehaltsempfänger im öffentlichen Sektor beschäftigt. 2016 (aktuellere Daten liegen hierzu nicht vor) erwirtschaftete dieser öffentliche Sektor 21,7 % der Bruttowertschöpfung.

Im Zuge der Wirtschaftskrise im Gefolge der Corona-Pandemie wird dieser Staatsanteil an der französischen Wirtschaft noch einmal zunehmen. Und der Staat zögert nicht, aktiv in das Wirtschaftsgeschehen einzugreifen, und zwar nicht nur in Krisenzeiten. Er sieht sich hier nicht nur als zurückhaltender Aktionär, sondern als eigenständiger Akteur in der Wirtschaft, ganz in der Tradition von Jean Baptist Colbert!

Die Neugründung der Sozialversicherung: die „*Sécu*"

Im ausgehenden 19. Jahrhundert waren erste Gesetze zum Schutz der Arbeiter beschlossen worden, namentlich 1898 ein Gesetz zum Schutz bei Arbeitsunfällen. Insgesamt blieb aber das französische Sozialversicherungswesen bis zum Zweiten Weltkrieg relativ schwach ausgebildet. Zum Zeitpunkt der Befreiung 1944 genossen gerade einmal ca. 14 Millionen Franzosen den Schutz einer Sozialversicherung. Während des Krieges begann die Arbeit, vorangetrieben vor allem von den Kommunisten, an Vorschlägen für ein allgemeines Sozialversicherungssystem. Dieses System sollte alle Berufstätigen erfassen: Industriearbeiter, Bauern, Angestellte, aber auch Beamte, Handwerker und Selbstständige. Es ging um eine Kranken- und Altersversicherung. Unter Federführung des vormaligen kommunistischen Abgeordneten Ambroise Croizat stellte der *Conseil National de Résistance* dann die folgende programmatische Forderung auf:

> *„un plan complet de sécurité social visant à assurer, à tous les citoyens, des moyens d'existence dans tous les cas où ils sont incapables de se les procurer par le travail"*
>
> In deutscher Übersetzung:
>
> *„ein vollständiger Plan, der darauf abzielt, allen Bürgern die nötigen Mittel für ihre Existenz zu garantieren, wenn sie nicht in der Lage sind, sich diese durch Arbeit selber zu verschaffen"*

Ausgehend von dieser programmatischen Formulierung verabschiedete die provisorische Regierung unter de Gaulle im Oktober 1945 zwei Verordnungen, mit denen die Grundlage für das im Wesentlichen bis heute fortbestehende System der französischen Sozialversicherung gelegt wurde. Dieses System übernahm dabei zwei wesentliche Grundsätze der Bismarck'schen Sozialversicherungen: Verwaltung durch die Sozialpartner und Finanzierung über Arbeitgeber- und Arbeitnehmerbeiträge. Die Verordnungen zielten auf ein für alle geltendes und umfassendes System. Dieser Anspruch konnte in der Nachkriegszeit allerdings nicht in der Praxis durchgesetzt werden. Das neue allgemeine System erstreckte sich insbesondere auf die Industriearbeiterschaft sowie die Angestellten in der Industrie und im Handel. Die Bauern, die Selbstständigen, die Beamten und die Handwerker setzten durch, ihre eigenen Systeme auf- bzw. ausbauen zu dürfen. Bei der Versicherung ging es im Kern um Krankheit und Alter, aber auch um bestimmte Aspekte der Familie. Eine Arbeitslosenversicherung kam erst 1958 hinzu. Gleichzeitig setzten die Gewerkschaften in den Staatsbetrieben wie der SNCF, den Pariser Verkehrsbetrieben oder dem Energieriesen Edf/GdF von den allgemeinen Regeln abweichende Sonderregelungen („*régimes speciaux*") durch. Das universell gedachte System ließ also von vornherein sowohl sektorielle Ausnahmen wie Spezialregime in den Staatsbetrieben zu.

An dieser Grundstruktur hat sich bis heute nichts geändert. Emmanuel Macron machte in seinem Wahlkampf 2017 das Versprechen, eine Universalrente einzuführen. Damit sollten die unterschiedlichen Sonder- und Spezialregime in einem neuen Punktesystem zusammengeführt werden. Nach zweijährigen Konsultationen legte die Regierung Philippe schließlich im Dezember 2019 einen entsprechenden Gesetzesvorschlag vor, der auf erbitterten Widerstand der Gewerkschaften, aber auch vieler Berufsgruppen (selbst der Anwälte) stieß. Die Regierung und der Präsident hielten jedoch auch angesichts massiver Streiks im Winter 2019/20 an den Grundzügen ihres Projekts fest, auch wenn sie sowohl hinsichtlich des Inkrafttretens der Reform (weit hinausgeschoben) als auch mit einzelnen Ausnahmen für bestimmte Berufsgruppen (etwa der Soldaten und Polizisten) erhebliche Zugeständnisse machten. Mit dem Ausbruch der Corona-Pandemie in Frankreich im März 2020 wurde diese Rentenreform zurückgestellt und es ist wenig wahrscheinlich, dass sie in der Amtsperiode bis 2022 noch einmal aufgerufen wird. Eine Reform des Rentensystems in Frankreich bleibt allerdings weiterhin erforderlich, denn auch in Frankreich hat sich die Alterspyramide so entwickelt, dass das heutige

System nicht dauerhaft finanzierbar ist. Auch sind neue Arbeitsformen im Zusammenhang mit der Digitalisierung der Wirtschaft (Start-ups) vom heutigen System bestenfalls unzureichend erfasst. Und schließlich sind viele der Sonderregeln der Spezialregime heute kaum mehr zu rechtfertigen und stoßen auf zunehmendes Unverständnis in der französischen Öffentlichkeit. François Mitterrand hatte das Renteneintrittsalter 1982 auf 60 Jahre abgesenkt. Nicolas Sarkozy hatte eine erste Korrektur vorgenommen und es wieder auf 62 angehoben und gleichzeitig dafür gesorgt, dass über eine ausreichende Anzahl von Jahren eingezahlt werden muss, um einen vollen Rentenanspruch zu erhalten. Im Ergebnis gehen die Versicherten im Privatsektor heute mit durchschnittlich 63 Jahren in den Ruhestand. Im öffentlichen Sektor erlaubt es dagegen z. B. das Spezialregime bei der SNCF auch heute noch, bereits in einem Alter zwischen 55 und 58 in den Ruhestand zu gehen.

Die Gewerkschaften

Die ersten Gewerkschaften wurden in Frankreich Ende des 19. Jahrhunderts gegründet, nachdem sie vorher lange verboten waren. Zunächst wurde 1887 eine erste christliche Gewerkschaft gegründet, aus der im Laufe der Zeit die heute größte Gewerkschaft CFDT hervorgegangen ist, die sich seit 1964 von ihren christlichen Wurzeln emanzipiert hat; 1895 folgte die Gründung der *Conféderation Général du Travail* (CGT) in Limoges. Die CGT hat sich in den letzten Jahren von ihren kommunistischen Ursprüngen ein wenig abgelöst, bleibt aber der Tradition einer kommunistischen Arbeiterbewegung verhaftet. Die Gewerkschaften in Frankreich (die natürlich auch noch andere Akteure als die beiden genannten kennen), haben es nie vermocht, einen Dachverband wie den Deutschen Gewerkschaftsbund zu schaffen. Die Beziehungen zwischen den unterschiedlichen Gewerkschaften bleiben eine Geschichte der wechselnden Allianzen und Gegensätze.

Die Gründung der Betriebsräte (*comités d'entreprise*) in der unmittelbaren Nachkriegszeit war dagegen ein Schlüsselmoment für alle Gewerkschaften. Neben den Verstaatlichungen und der Schaffung der *Sécurité sociale* war dies das dritte zentrale Element der gesellschaftlichen Neugründung, das nach dem Krieg umgesetzt wurde. Zunächst gab es einen längeren Streit um die Rechte dieser zukünftigen Betriebsräte und dann musste die Frage geklärt werden, ab wie vielen Mitarbeitern ein solches *Comité* vorgeschrieben würde. Die Betriebsgröße, ab der ein Betriebsrat vorgesehen ist, liegt bis heute bei 50 Mitarbeitern. Die Funktionen der Betriebsräte sind im Laufe der Zeit immer wieder leicht verändert worden, allerdings hat sich an der dominanten Stellung der Gewerkschaften in diesen *Comités* bis heute nichts Wesentliches geändert. Die gesetzlichen Kriterien für die Durchführung der Betriebsratswahlen schaffen ihnen klare Vorteile. Das führt dazu, dass die Gewerkschaften trotz eines relativ geringen Organisierungsgrads bis heute diese Gremien dominieren. Im Privatsektor sind weniger als 10 % der Arbeiter und Angestellten Mitglied einer der Gewerkschaften, die sich an den Betriebsratswahlen beteiligen dürfen. Aus den letzten Wahlen im Jahr 2017 ist dabei zum ersten Mal die CFDT mit einem knappen Vorsprung vor der CGT als stärkste Gewerkschaft hervorgegangen (CFTD: 26,39 %; CGT: 24,81 %). Vereinfacht gesagt, bleiben die CGT und die ihr nahestehenden Gewerkschaften in den Staatsbetrieben tonangebend, während die CFDT in der Privatwirtschaft ihre stärksten Bastionen hat.

Eine für die Gewerkschaften zentrale Frage ist die Finanzausstattung dieser Betriebsräte. Gesetzlich vorgeschrieben ist eine Ausstattung mit 0,2 % der Bruttogehaltszahlungen. Viele – insbesondere öffentliche – Betriebe (aber z. B. auch Airbus) gehen darüber aber weit hinaus. So standen dem Betriebsrat der EdF (als dem bei Weitem am besten ausgestatteten) 2017 über 400 Millionen Euro zur Verfügung. EdF überweist jährlich 1 % seines Umsatzes an seinen Betriebsrat. Der Betriebsrat der SNCF verfügte im gleichen Jahr über 89 Millionen Euro und der Betriebsrat der Pariser Verkehrsbetriebe über 54 Millionen Euro. Mit diesen Mitteln wird zum einen das Funktionieren der Betriebsräte ermöglicht, zum anderen stehen bei Weitem größere Summen für die Finanzierung von sozialen und kulturellen Aktivitäten zur Verfügung. Aus diesen Mitteln werden Weihnachtsgeschenke für die Kinder der Mitarbeiter ebenso finanziert wie zum Teil umfangreiche Ferienanlagen, in denen die Mitarbeiter der Unternehmen mit ihren Familien zu sehr günstigen

Bedingungen ihren Urlaub verbringen können. Diese Betriebsräte mit ihren erheblichen finanziellen Mitteln stellen bis heute eine wesentliche Basis für die gewerkschaftliche Arbeit dar. So hat sich die CGT ihre Bastionen im öffentlichen Sektor bewahren können. Hier hat sie auch bis heute das größte Mobilisierungspotenzial. Sie macht mobil gegen alle Reformprojekte im öffentlichen Sektor und scheut dabei nicht davor zurück, auch das öffentliche Leben insbesondere in Paris zum Erliegen zu bringen. So organisierte sie im Frühjahr 2018 große Streiks gegen eine Reform der SNCF und im Winter 2019/20 gegen die geplante Rentenreform. Beide Male haben sich Präsident Macron und seine Regierung nicht von ihren Vorhaben abbringen lassen, sie aber doch erheblich verwässert. Während die SNCF-Reform noch in Kraft getreten ist, ist die Rentenreform, wie oben dargestellt, angesichts der Corona-Pandemie vorläufig zurückgestellt worden – auch mit dem Argument der Regierung, dass in dieser ohnehin schwierigen wirtschaftlichen und sozialen Lage keine umstrittenen Projekte vorangetrieben werden sollten. Insofern haben die Gewerkschaften hier unerwartet ihr Ziel erreicht.

Gestützt auf ihre Bastionen in den Staatsbetrieben ist es der CGT gelungen, sich von den dramatischen Zustimmungsverlusten der Kommunistischen Partei in Frankreich ein gutes Stück weit abzukoppeln. Auch ideologisch ist die CGT nach dem Untergang der Sowjetunion ein wenig auf Distanz zur Kommunistischen Partei gegangen, die ab 1947 immer als treues Sprachrohr Moskaus in Erscheinung getreten war. Jérôme Fourquet[33] zieht einen Vergleich zum Niedergang der katholischen Kirche in Frankreich: Beide, Kommunistische Partei und katholische Kirche, hatten das Leben im Land bis in die kleinsten Dörfer geprägt. Der Rückgang des Einflusses der Kommunistischen Partei lässt sich am besten daran ablesen, wie stark über die Jahre ihr Wahlergebnis bei den Präsidentschaftswahlen im ersten Wahlgang zurückgegangen ist. 1969 holte Jacques Duclos noch 21,3 %, Georges Marchais kam 1981 auf 15,4 %, Robert Hue 1995 nur noch auf 8,6 % und schließlich Marie-Georges Buffet 2007 auf 1,9 %. Auch die einst starke Stellung der Kommunistischen Partei auf kommunaler Ebene ist stark zurückgegangen. Stellte die Partei 1970 noch

33 *L'Archipel Français*, S. 75–78

die Bürgermeister von 147 Gemeinden im Großraum Paris, waren es 2014 nur noch 34 Bürgermeister.

Auch an einer ganz anderen Stelle wollte de Gaulle auf den Zusammenbruch von 1940 reagieren. Er machte für den Zusammenbruch auch die Eliten des Landes und ihre aus seiner Sicht mangelhafte Ausbildung verantwortlich. Das führte zur Gründung der heute wieder in Kritik geratenen *École Nationale de l'Administration* (ENA). Die ENA sollte zu einer Erneuerung des französischen Staatsapparats beitragen und durch die Organisation von Aufnahmeprüfungen den Zugang zu hohen Staatsämtern demokratisieren. Heute wird der Schule vorgeworfen, stattdessen eher zu einer Verfestigung der Verwaltungseliten beizutragen und die Breite der Gesellschaft nicht hinreichend abzubilden. Ob die von Präsident Macron im April 2019 geforderte Abschaffung der ENA und die Neuorganisation der Rekrutierung für den Staatsdienst in absehbarer Zeit wiederaufgegriffen wird, ist angesichts der Corona-Pandemie höchst unwahrscheinlich – auch weil Absolventen der ENA in allen entscheidenden staatlichen Verwaltungen an Schlüsselpositionen sitzen. Dies gilt zum Beispiel für den *Conseil d'État* (das oberste Verwaltungsgericht), aber auch für die Finanzverwaltung oder den auswärtigen Dienst. Diese Verwaltungseliten zeichnet ein starker Korpsgeist aus und sie werden sich mehr oder wenig offen dagegen wehren, dass ihre Rekrutierungsbasis über die ENA angegriffen wird.

KAPITEL VII:
1962: Die Unabhängigkeit Algeriens
Frankreich und Algerien – weiterhin Gefangene der gemeinsamen Geschichte?

Die Geschichte des Algerienkriegs ist heute wissenschaftlich aufgearbeitet. Politisch verarbeitet ist der Algerienkrieg dagegen noch lange nicht. Hier ist auch nicht der Ort, die Geschichte dieses achtjährigen Krieges samt seiner 130-jährigen Vorgeschichte nachzuerzählen. Aber wer sich mit dem Algerienkrieg und seiner heutigen Bedeutung für Frankreich beschäftigen will, muss sich vergegenwärtigen, dass Frankreich bereits 1830 in Algerien Fuß gefasst hat. Algerien war auch kein Protektorat wie Marokko, Tunesien oder Kambodscha und Laos, denen man zumindest den Anschein einer gewissen Eigenstaatlichkeit gelassen hatte. Nein, Algerien war in drei *Départments* aufgeteilt und somit direkt dem „Mutterland" Frankreich eingegliedert. Keine Kolonie also – jedenfalls im rechtlichen Sinne. Und in Algerien hatten sich über die Jahrzehnte rund eine Million europäische Siedler (*les colons*) niedergelassen, die sich, soweit sie Franzosen waren, als französische Staatsbürger auf französischem Staatsgebiet empfanden. Neben französischen Siedlern hatten sich auch Spanier und Italiener im französischen Algerien niedergelassen. Die Einverleibung Algeriens war gewissermaßen die Fortsetzung der territorialen Ausdehnung Frankreichs der letzten Jahrhunderte, nur dieses Mal über das Mittelmeer hinweg. Das alles machte die Auseinandersetzung umso schmerzhafter, um soviel einschneidender als andere Konflikte im Zuge der Dekolonisierung.

Bevor ich mich dem heutigen politischen Umgang mit den Folgen des Algerienkriegs zuwende, sei an drei Aspekte erinnert:

Zum ersten an die Unruhen, die am 8. Mai 1945 – an dem Tag der endgültigen Niederlage Hitler-Deutschlands – in Algerien ausbrachen, nachdem die Polizei das Feuer auf einen Demonstrationszug in der kabylischen Stadt Sétif eröffnet hatte, in dem Fahnen der algerischen Unabhängigkeitsbewegung mitgeführt wurden, fanden über 100 französische Sicherheitskräfte und Siedler sowie tausende Algerier den Tod.[34] Der französische Widerstand gegen die deutschen Besatzer und die Mitwirkung der Kolonien und Kolonialtruppen bei dem Sieg über

34 siehe dazu Waechter, S. 322

Deutschland hatten unweigerlich den Wunsch nach Anerkennung, nach Eigenständigkeit, ja nach Unabhängigkeit beflügelt.

So begannen gleich am Tag eins nach dem Zweiten Weltkrieg die 17-jährigen militärischen Auseinandersetzungen, die zum Ende des französischen Kolonialreichs führten: zunächst der Indochina-Krieg bis 1954 und dann ab 1954 der Algerienkrieg. Im Algerienkrieg (der so nicht genannt werden durfte) starben ca. 25.000 französische Soldaten und ca. 400.000 Algerier.[35] Dabei gehen bis heute insbesondere die Schätzungen zu den getöteten Algeriern weit auseinander: Während französische Schätzungen von rund 250.000 Opfern sprechen, sprechen algerische Quellen von bis zu einer Million! Die französische Regierung sprach hinsichtlich der Kampfhandlungen immer nur von „Maßnahmen zur Aufrechterhaltung der öffentlichen Ordnung“, denn es handelte sich in ihren Augen eben um ein innerfranzösisches Problem.

Zum zweiten sei daran erinnert, dass der 1954 begonnene Krieg auf französischer Seite von verschiedenen Regierungen der Vierten Republik begonnen und fortgesetzt wurde, an denen aber jeweils die Sozialisten einen entscheidenden Anteil hatten. Namentlich der spätere erste sozialistische Staatspräsident der Fünften Republik, François Mitterrand, hat zunächst als Innenminister in der Regierung Mendès France und dann als Justizminister in der Regierung Mollet eine wichtige Rolle gespielt. Pierre Mendès France hatte zu Beginn des Krieges die Haltung der Regierung wie folgt zusammengefasst:

> *„L'Algerie, c'est la France, et non un pays étranger. On ne transige pas quand il s'agit de defendre la paix intérieure de la nation, l'unité et l'intégrité de la République.“*
>
> In deutscher Übersetzung:
>
> *„Algerien, das ist Frankreich und kein fremdes Land. Man macht keine Kompromisse, wenn es darum geht, den inneren Frieden, die Einheit und Integrität der Republik zu verteidigen.“*

François Mitterrand hat diesen harten Kurs mitgetragen und nach außen vertreten. Er hatte als Justizminister auch keine Einwände gegen die Vollstreckung der Todesstrafe an algerischen Widerstandskämpfern:[36] Derselbe Mitterrand, der später als Präsident die Todesstrafe in Frank-

35 Waechter, S. 336

36 siehe dazu Benjamin Stora/François Malye, *François Mitterrand et la Guerre d'Algerie*, Paris 2010

reich abgeschafft hat. In der Rückschau hat Mitterrand sein Verhalten in dieser Zeit aus der politischen Situation heraus gerechtfertigt, aber eingestanden, dass dies kein Ruhmesblatt gewesen sei. Das Verhalten der Sozialisten im Algerienkrieg war aber in der Folge ein wesentlicher Grund dafür, dass sich links von den Sozialisten weitere linke Gruppierungen als die eigentlich Fortschrittlichen profilieren konnten – als diejenigen, die auf der Seite der Unterdrückten standen und für die Dekolonisierung eintraten. Diese Kräfte hatten dann auch im Mai 1968 einen starken Einfluss auf die politisch weit links stehende Studentenbewegung in Frankreich.

Schließlich hat, drittens, der Algerienkrieg zum Ende der Vierten Republik und zur Rückkehr von de Gaulle an die Spitze des Staates geführt. Unter dem Druck der Ereignisse in Algerien schwankte die Vierte Republik. Das französische Militär hatte 1957 weitgehende Vollmachten in Algerien übernommen und im Mai 1958 kam es zu einem Aufstand rechtsgerichteter Algerienfranzosen. In dieser Situation trauten die meisten Franzosen es nur noch de Gaulle zu, die Lage wieder in den Griff zu bekommen. So kehrte er noch einmal in einer dramatischen Stunde an die Spitze der Nation zurück, zunächst als Regierungschef im Rahmen der Verfassung der Vierten Republik und dann, nach der Errichtung der Fünften Republik, die seinen Vorstellungen entsprach, als Präsident. De Gaulle hat nach weiteren vier Kriegsjahren (1958 bis 1962) den Algerienkrieg beendet, die Unabhängigkeit Algeriens ermöglicht und mit der Etablierung der Fünften Republik die noch heute die Verfassungswirklichkeit prägende Präsidialdemokratie durchgesetzt. Das von de Gaulle gewollte und gewonnene Referendum zur Einführung der Direktwahl des französischen Staatspräsidenten hat im Oktober 1962 den Prozess der Etablierung der Fünften Republik, wie wir sie heute kennen, abgeschlossen.

Der zeitliche Zusammenhang zwischen der Unabhängigkeit Algeriens einerseits und dem Abschluss des deutsch-französischen Freundschaftsvertrags vom 22. Januar 1963 andererseits ist auffällig, auch wenn er in der politischen Kommentierung kaum Aufmerksamkeit erfährt. De Gaulle sah nach der Unabhängigkeit Algeriens und damit dem definitiven Ende des französischen Kolonialreichs den Zeitpunkt gekommen, um die Beziehungen zum ehemaligen Kriegsgegner

Deutschland auf eine neue Stufe zu stellen. De Gaulle, der immer in einem System souveräner Nationalstaaten dachte und nicht in Kategorien europäischer Integration *à la* Monnet oder Schuman, erhoffte sich über eine stärkere Verbindung mit Deutschland natürlich eine Aussöhnung und fand dafür in Bundeskanzler Konrad Adenauer einen respektierten Partner; aber die neue Achse Paris – Bonn hatte für ihn auch eine geostrategische Bedeutung. Durch eine neue Führungsrolle in Europa – mit Deutschland als Juniorpartner – hoffte de Gaulle, den Prestigeverlust Frankreichs nach der Unabhängigkeit Algeriens gewissermaßen kompensieren zu können. Der Elysée-Vertrag war also für Frankreich immer zugleich ein wesentlicher Schritt zur Aussöhnung mit Deutschland und ein geopolitisches Projekt. Auch deswegen ärgerte der General sich so sehr über die transatlantische Erklärung, die der Deutsche Bundestag dem Vertragswerk bei seiner Ratifikation voranstellte: Sie wertete die geostrategische Bedeutung des Vertrags aus seiner Sicht bedeutend ab.

Gleichzeitig waren viele seiner ursprünglichen Unterstützer von de Gaulle enttäuscht. Sie hatten darauf gebaut, dass es ihm gelänge, Algerien bei Frankreich zu halten, während de Gaulle selbst trotz der militärischen Erfolge eingesehen hatte, dass dies politisch unmöglich war. Die Ablehnung war besonders stark bei den sogenannten *Pieds-noirs*, den aus Algerien ins Mutterland geflohenen europäischstämmigen, vorwiegend französischen Siedlern (über eine Million). Hier entstand politisch rechts von der gaullistischen Sammlungsbewegung ein Raum für eine rechtsextreme Partei, die de Gaulle Verrat am Vaterland vorwarf. In diesen Raum ist Jean-Marie Le Pen gestoßen, der selber als Offizier in Algerien Dienst getan hatte und den putschenden Militärs, die sich gegen die Algerien-Politik de Gaulles gestellt hatten, nahestand. Unter den zahlreichen aus Algerien vertriebenen französischen Siedlern, die sich in Südfrankreich angesiedelt hatten, fand er viele Unterstützer und Wähler. Auch heute ist der aus dem *Front National* hervorgegangene *Rassemblement National* in diesen Regionen stark verankert. Wenn sich die Tochter Marine Le Pen, wie im Wahlkampf 2017, auf de Gaulle beruft, wirkt das allerdings wie ein Anachronismus, auch wenn sie versucht hat, sich und ihre Partei in den letzten Jahren von ihrem Vater zu lösen. Die gleiche fremdenfeindliche Haltung bestimmt die

Bewegung weiterhin, auch wenn sich Marine Le Pen zumindest im Ausdruck im Vergleich zu ihrem Vater etwas zurücknimmt.

Bedeutend ist jedenfalls, dass durch ihr Handeln im Algerienkrieg sowohl die gemäßigte Linke wie auch de Gaulle an den Rändern politischen Raum geschaffen haben, der bis heute von deutlich extremeren Bewegungen bzw. Parteien rechts und links außen besetzt wird.

Während also die historischen Vorgänge im Großen und Ganzen gut aufgearbeitet sind, kann man das Gleiche nicht für die politische und gesellschaftliche Aufarbeitung sagen. Bis heute haben die verschiedenen Gruppen, die in unterschiedlicher Weise am Algerienkrieg beteiligt waren und unter ihm gelitten haben, nicht zu einer gemeinsamen Erinnerung an diese Geschichte gefunden. Die alten Frontstellungen leben oft mehr oder weniger im Verborgenen weiter. Die nur oberflächlich verheilten Wunden sind allen weiterhin schmerzlich bewusst. Eine vergleichbare Aussöhnung, wie es sie zwischen Deutschen und Franzosen nach dem Zweiten Weltkrieg gegeben hat und die es inzwischen ermöglicht, der Toten in Verdun gemeinsam zu gedenken, hat es zwischen Algeriern und Franzosen bis heute nicht gegeben.

Das wurde besonders sichtbar am 19. März 2016, 54 Jahre nach dem Waffenstillstand von Evian, der am Anfang des Endes vom Krieg und am Anfang der Unabhängigkeit Algeriens stand, aber noch nicht das Ende der Kämpfe markierte. Dieser Waffenstillstand hatte in einem Referendum im April 1962 bei hoher Wahlbeteiligung die Zustimmung von 90 % der Franzosen gefunden. Das damals getroffene Abkommen ist in Teilen bis heute von rechtlicher Relevanz (insbesondere bei Regelungen zur Zuwanderung).

Was passierte am 19. März 2016?

Präsident Hollande hatte unmittelbar nach seiner Wahl zum Präsidenten im Mai 2012 ein Gesetz auf den Weg gebracht, mit dem der 19. März zum Tag der nationalen Erinnerung an die zivilen und militärischen Opfer des Algerienkriegs und an die Kämpfe in Tunesien und Marokko gemacht wurde. Im Mittelpunkt des Gedenkens stand aber Algerien. Tunesien und Marokko hatten Mitte der 50er-Jahre unter weit weniger dramatischen Umständen die Unabhängigkeit erlangt. Schon die offizielle Begrifflichkeit macht das deutlich: Im Hinblick auf Algerien ist heute von einem „Krieg" die Rede, bei Marokko und Tunesien lediglich von „Kämpfen". Am 19. März 2016 nun hielt Präsident Hollande am Mahnmal für die Opfer des Algerienkriegs am Quai Branly eine bemerkenswerte und weitsichtige Rede. Es ging ihm darum, den von ihm eingeführten Gedenktag politisch mit Leben zu erfüllen. Es ging ihm darum, die Franzosen und die Algerier in der Erinnerung an die Toten zu versöhnen. So lauteten die letzten Sätze seiner Rede wie folgt:

> *„La Grandeur d'un pays se mesure à sa capacité à regarder son histoire, à ne pas en cacher des éléments pour en glorifier d'autres qui seraient inutiles, c'est prendre l'histoire pour ce qu'elle est, pour ce qu'elle nous apprend, pour les leçons qu'il convient communément d'en tirer. Oui, de convoquer l'histoire, non pas pour nous diviser mais pour nous réunir. La grandeur d'un pays, c'est d'être capable de réconcilier toutes les mémoires et de les reconnaître. Alimenter la guerre des mémoires, c'est rester prisonnier du passé; faire la paix des mémoires, c'est regarder vers l'avenir."*
>
> In deutscher Übersetzung:
>
> *„Die Größe eines Landes bemisst sich an seiner Fähigkeit, seine Geschichte zu betrachten, nicht Teile davon zu verbergen, um andere zu verherrlichen, was nutzlos wäre, sondern die Geschichte als das zu nehmen, was sie ist, und um dessen willen, was sie uns lehrt, die Lektionen, die wir gemeinsam aus ihr ziehen können. Ja, die Geschichte zu beschwören, nicht um uns zu spalten, sondern um uns zusammenzuführen. Die Größe eines Landes besteht darin, in der Lage zu sein, alle Erinnerungen miteinander zu versöhnen und sie anzuerkennen. Den Krieg der Erinnerungen anzuheizen bedeutet, ein Gefangener der Vergangenheit zu bleiben; mit den Erinnerungen Frieden zu schließen bedeutet, in die Zukunft zu blicken."*

In seiner Rede hatte er sich große Mühe gegeben, diesen unterschiedlichen Erinnerungen an den Algerienkrieg Rechnung zu tragen. Er ist auf alle verschiedenen Gruppen spezifisch und einfühlsam eingegangen:

- die Algerier, die im Kampf für die Unabhängigkeit ihres Landes gestorben sind;
- die vielen französischen Wehrpflichtigen, Berufssoldaten und anderen Ordnungskräfte, die im Krieg zum Einsatz kamen;
- die algerischen Hilfstruppen, die „Harkis", die auf der französi-

schen Seite gekämpft hatten und nach dem Krieg vom französischen Staat vielfach im Stich gelassen wurden;
- die zivilen Opfer auf beiden Seiten;
- die französischen Siedler, die nach Frankreich fliehen mussten und, so Hollande, „ihre Welt und das Land, das sie für das ihre hielten, zurücklassen mussten";
- die schon in Frankreich lebenden algerischen Einwanderer, die unter dem Konflikt in vieler Hinsicht gelitten haben;
- die französische Bevölkerung im Mutterland, die nach zermürbenden Kriegsjahren den Kurs von de Gaulle hin zur Unabhängigkeit in zwei Referenden mit sehr hoher Zustimmung unterstützt hatte;
- die im Krieg Verschwundenen, deren unaufgeklärte Schicksale noch heute die Familien belasten.

Er hob auch hervor, dass mit dem 19. März noch nicht der Frieden erreicht war, sondern dass auf das Waffenstillstandsabkommen von Evian noch Monate der Gewalt und Gegengewalt folgten.

Insgesamt war es die erste Rede, in der ein französischer Präsident versucht hat, den unterschiedlichen Dimensionen, dem vielfachen Leiden im Algerienkrieg umfassend gerecht zu werden. Diese Rede hätte zu einem bedeutenden Wendepunkt im heutigen Umgang mit der Erinnerung an den Algerienkrieg werden können, ja vielleicht werden müssen – gerade auch, weil Hollande diese Rede im März 2016 noch unter dem unmittelbaren Eindruck der islamistischen Anschläge des Jahres 2015 hielt.

Aber es kam anderes. Am Tag vor Hollandes Rede veröffentlichte Nicolas Sarkozy – der zu diesem Zeitpunkt noch nicht Kenntnis von der Rede haben konnte – einen Namensartikel, in dem er den 19. März als geeigneten Tag für die Erinnerung an den Algerienkrieg grundsätzlich infrage stellte. Der im Figaro veröffentlichte Artikel war wie folgt überschrieben:

„Choisir la date du 19 mars, c'est entretenir les guerres de mémoires"

In deutscher Übersetzung:

„Sich für den 19. März zu entscheiden bedeutet, den Krieg der Erinnerungen weiterzuführen"

Damit machte er sich die Sichtweise der aus Algerien vertriebenen Siedler (und des *Front National*) zu eigen. In deren Lesart ist der 19. März der Tag der Aufgabe Algeriens, der Tag des Verrats. Schielte Sarkozy dabei auch auf das Wählerpotenzial des *Front National*? Die von Präsident Hollande gewollte Aussöhnung hat er damit jedenfalls mitnichten befördert. In der Folge stellte sich dann das gesamte rechte Lager hinter Sarkozy. Marine Le Pen musste nichts weiter tun, als sich diesen Argumenten anzuschließen. Wie Charles de Gaulle wohl auf dieses Zusammenwirken der Rechten und der extremen Rechten geblickt hätte? Hätte es einer überparteilichen Abstimmung im Vorfeld der Rede bedurft oder ist Frankreich für den von François Hollande angeschlagenen versöhnlichen Ton noch nicht reif?

Das Geschehen vom 18./19. März 2016 zeigt aber, wie sehr die unterschiedlichen Wunden aus dem Algerienkrieg auch heute noch schmerzen:

- auf der Seite der geflohenen Siedler, die ihre Heimat, ihren Besitz, ihre Identität verloren haben;
- aufseiten der damals jungen Wehrpflichtigen, die in einen grausamen Krieg geschickt wurden, den sie vielfach nicht als den ihren empfanden, und von denen viele Tausend den Tod fanden;
- und nicht zuletzt aufseiten der Algerier sowohl in Algerien wie in Frankreich, die Hunderttausende Tote zu beklagen hatten.

Letzteres gilt zum einen für die Harkis, die Überlebenden und Nachfahren der Algerier, die sich auf der französischen Seite engagiert hatten. Viele waren schon im Krieg gefallen, den anderen verweigerte Frankreich am Ende des Kriegs die Aufnahme in Frankreich. Zehntausende (geschätzt 60.000 bis 70.000) fanden im Sommer 1962 in Algerien den Tod und die, die es zum Teil mit ihren Familien doch nach Frankreich schafften, wurden zunächst in Lagern interniert. Das 2015 auf dem Gelände des Lagers von Rivesaltes bei Perpignan eröffnete *Mémorial* widmet diesen Häftlingen einen wichtigen Teil seiner Dokumentation der Lagergeschichte. Dieses Lager war ursprünglich für die im Spanischen Bürgerkrieg vor den Truppen Francos geflohenen spanischen Republikaner eingerichtet worden. Im Zweiten Weltkrieg waren hier Juden und andere Gegner des Vichy-Regimes interniert und ca. 2.300 Juden wurden von hier in die deutschen Vernichtungslager im Osten deportiert. Nach dem Krieg diente das Lager einige Zeit zur Inhaftierung insbesondere deutscher Kriegsgefangener, bis es ab 1962 zu einem der Auffang- und Durchgangslager für die Harkis wurde. Der französische Staat hat sich erst spät für das den Harkis angetane Unrecht entschuldigt und Wiedergutmachung geleistet. François Hollande formulierte es am 19. März 2016 so:

> *„Souffrance des Harkis, pourchassés en Algérie, abandonnés par la patrie qui les avait appelés, accueillis dans des conditions indignes en France avant que notre pays ne reconnaisse leur sacrifice et ne leur apporte la réparation à laquelle ils ont droit."*
>
> In deutscher Übersetzung:
>
> *„Die Leiden der Harkis, in Algerien verfolgt, vom Vaterland, das sie rief, im Stich gelassen, unter unwürdigen Bedingungen in Frankreich aufgenommen, bevor unser Land ihr Opfer anerkannte und ihnen die Wiedergutmachung zukommen ließ, auf die sie Anspruch haben."*

Aber auch die schon in Frankreich lebenden Algerier wurden überwacht und viele auch in Haft genommen. Um 1960 saßen um die 10.000 in französischen Gefangenenlagern. Zur schlimmsten Repression kam es am 17. Oktober 1961 in Paris, als 100 bis 200 Personen bei einer nicht genehmigten Demonstration bei Auseinandersetzungen mit der Polizei ums Leben kamen. Der damals verantwortliche Polizeipräfekt Maurice Papon hatte einige Tage vorher eine Ausgangssperre gegen die französischen Muslime verhängt. Später, 1998, wurde er wegen seiner Kollaboration zur Zeit der deutschen Besatzung bei der Deportation jüdischer Bürger der Beteiligung an Verbrechen gegen die Menschlichkeit schuldig gesprochen.

Auch noch nach der Unabhängigkeit Algeriens, in den 60er- und frühen 70er-Jahren, wanderten viele Algerier nach Frankreich aus, um einen Arbeitsplatz und ein Auskommen für ihre Familien zu finden. Unter diesen Immigranten befanden sich auch viele, die für die Unabhängigkeit Algeriens gekämpft hatten. In Frankreich Arbeit zu suchen fiel ihnen schwer. Dennoch ist aus dem immer wieder vorgetragenen Wunsch, baldmöglichst nach Algerien zurückzukehren, nur selten Wirklichkeit geworden. Ihr widersprüchliches Verhältnis zu Frankreich haben sie ihren Kindern mit in die Wiege gelegt. Ein heute in

Marseille lebender und eine wichtige Funktion in der Stadtverwaltung einehmender Franzose algerischer Abstammung hat mir einmal erklärt, dass er, obwohl in den 60er-Jahren in Frankreich geboren, die französische Staatsangehörigkeit erst nach dem Tod seines Vaters angenommen habe: Das hätte er seinem Vater nicht zumuten können. Und auch seine eigenen Kinder, die beruflich erfolgreich sind, fühlen sich heute noch als Fremde in Frankreich.

Nach der Wahl von François Mitterrand zum Präsidenten der Republik entstand bei dieser zweiten Generation der in Frankreich Geborenen Hoffnung auf Anerkennung, auf Gleichberechtigung. Nach einem Zwischenfall in einem Vorort von Lyon organisierten sie einen Marsch für die Gleichheit, der von Oktober bis Dezember 1983 von Marseille über Lyon nach Paris führte. Nach einer großen Demonstration mit über 100.000 Teilnehmern wurde eine Delegation von ihnen von Mitterrand im *Elysée* empfangen. Mitterrand gab zwar der Forderung nach einem Aufenthaltstitel und der damit einhergehenden Arbeitserlaubnis für zehn Jahre nach, zu einer wirklichen Gleichbehandlung und Anerkennung dieser jungen Algerier der zweiten Generation ist es aber nicht gekommen. Im Gegenteil, die Lebenssituation verbesserte sich für viele nicht. Die Vorstädte entwickelten sich immer mehr zu sozialen Brennpunkten, aus denen alle, die es sich leisten konnten, wegzogen. Über zwanzig Jahre später, nach vielerlei Plänen zur Verbesserung der Lage in den Vorstädten, die meist gut gemeint waren, viel Geld kosteten, aber an der empfundenen und realen Diskriminierung dieser Menschen kaum etwas änderten, kam es Ende 2005 zu größeren Unruhen in den Pariser Vorstädten, bei denen über viele Nächte Hunderte von Autos angezündet wurden und die Jugendlichen sich nächtelang Auseinandersetzungen mit der Polizei lieferten. Ausgangspunkt war ein Zwischenfall gewesen, bei dem zwei Jugendliche in *Clichy-sous-Bois* ums Leben gekommen waren.

In Marseille ist der Anteil von Menschen mit Migrationshintergrund und insbesondere algerischen Wurzeln besonders hoch. Offizielle Statistiken gibt es allerdings nicht. Schätzungen schwanken zwischen einem Viertel und einem Drittel der gut 800.000 Einwohner, von denen viele in den armen nördlichen Quartieren der Stadt leben. Eine für die verstärkte Hinwendung zu einem radikalen Islam bedeutende Etappe war der algerische Bürgerkrieg („*la décennie noire*“, „das schwarze Jahrzehnt“) in den 1990er-Jahren. Zwar setzte sich das algerische Regime und die algerische Armee am Ende eines blutigen Krieges gegen die Islamisten durch, aber viele ihrer Anhänger und Prediger flohen nach Frankreich und nahmen Einfluss auf die dortige Bevölkerung – auf die aus Algerien stammende ebenso wie auf muslimische Gläubige anderer Herkunft. Erst Ende der 90er-Jahre taucht das islamische Kopftuch verstärkt im Straßenbild von Marseille und anderen französischen Städten auf. Und für einen guten Teil der Jugendlichen wird der Islam zu einem Instrument, um ihre Opposition gegen das herrschende französische Gesellschaftsmodell, in dem sie sich nicht akzeptiert fühlen, zu demonstrieren.

Emmanuel Macron hat als Kandidat während der Präsidentschaftswahlen 2017 bei einem Besuch in Algerien versucht, einen Neuanfang in den Beziehungen zwischen Algerien und Frankreich vorzubereiten. Seine Worte über die französischen Verbrechen im Algerienkrieg als Verbrechen gegen die Menschlichkeit („*crime contre l'humanité*“) haben einen Proteststurm in Frankreich insbesondere vonseiten der Rechten ausgelöst, ohne in Algerien zu einer Entkrampfung des Regimes im Verhältnis zu Frankreich geführt zu haben. Dazu war (und ist) das noch aus dem Widerstand gegen Frankreich hervorgegangene Herrschaftssystem weder willens noch in der Lage. Präsident Bouteflika befand sich 2017 in einem Zustand, der einen neuen Ansatz nicht mehr denkbar erscheinen ließ. Bisher hat sich das Regime mit einigen Zugeständnissen an die seit über einem Jahr sich artikulierende Protestbewegung an der Macht gehalten. Und Frankreich sieht mit Sorge auf die möglichen Verwerfungen, sollte es in Algerien zu einem Umsturz der Verhältnisse kommen. Denn Frankreich fürchtet eine weitere Emigrationswelle nach Frankreich, eine weitere Destabilisierung Nordafrikas und Subsahara-Afrikas und natürlich auch um die weiterhin starke Stellung großer französischer Unternehmen wie etwa *Total* in Algerien. So herrscht derzeit eine Patt-Situation, in der ein wirklicher Ausgleich, eine neue Dynamik in der Beziehung der beiden Länder nicht absehbar ist. Für die vielen in Frankreich lebenden Algerier, die vielfältige familiäre und andere Beziehungen nach Algerien haben, bleibt dieser Zustand wenig hoffnungsvoll.

Robert Badinter, der frühere langjährige Justizminister von François Mitterrand, sagte mir einmal, dass es so lange islamistische Terroranschläge in Frankreich geben werde, wie Frankreich nicht zu einem Ausgleich mit Algerien und zu einem inneren Frieden mit seinen aus Algerien stammenden Bürgern komme. Insofern war der 19. März 2016 eine vertane Chance, was auch Benjamin Stora, der vielleicht anerkannteste der französischen Historiker des Algerienkriegs, mir gegenüber äußerte.

Franzosen und Algerier warten noch auf die Stunde der Versöhnung und neuer, auf die Zukunft gerichteter Beziehungen. Präsident Macron hat das als ein politisches Problem von großer Bedeutung erkannt, das er auch bereit ist anzugehen. Einen wirklich wirksamen Ansatzpunkt hat er allerdings bisher ebenso wenig gefunden wie einen zukunftsgewandten Partner auf algerischer Seite.

Dabei sind die gemeinsamen Bezugspunkte zwischen Algerien und Frankreich auch heute noch vielfältig. Das soll bei der hier gewählten Konzentration auf die Nachwirkungen des Algerienkriegs nicht verschwiegen werden. Im Süden Frankreichs und in den industriellen Zentren wie dem Pariser Umland oder etwa dem Großraum Lyon leben heute viele Algerier und Franzosen mit algerischen Wurzeln. Sie sind auf vielfältige Weise in das französische Leben integriert. In vielen Städten Frankreichs erinnern Straßennamen an die engen historischen Beziehungen zu Algerien. Es gibt eine starke Präsenz französischer Unternehmen in Algerien und der menschliche Austausch über das Mittelmeer hinweg ist intensiv.

KAPITEL VIII:
Mai 1968: Die Studentenrevolution
Gesellschaftlicher Aufbruch und Hochschulbildung zwischen Elitarismus und Gleichheitsgrundsatz

Der Mai 1968 und seine Konsequenzen für die französische, westeuropäische und die westliche Welt insgesamt sind von großer Tragweite. In allen westlichen Gesellschaften haben sich damals Generationenkonflikte artikuliert, aber auch antiautoritäre und antimilitaristische Strömungen. Dabei spielten in einem Land wie Frankreich auch die langjährigen militärischen Auseinandersetzungen im Rahmen der Dekolonisierung eine wichtige Rolle.

Nur in Frankreich aber verband sich im Mai 1968 linker Studentenprotest mit einem Generalstreik zu einer tiefen politischen Krise, die im Laufe des folgenden Jahres auch der Ära de Gaulle ein Ende setzte. Der Einschnitt war tief und betraf alle Lebensbereiche.

Alain Duhamel, ein sehr renommierter, damals noch junger Beobachter der französischen Zeitgeschichte, hat in seinem *Journal d'un Observateur*[37] die Tragweite der Ereignisse in Frankreich wie folgt zusammengefasst:

> *„Mai 1968, c'est tout autre chose: une révolte culturelle, un surgissement de la jeunesse étudiante, une crise de civilisation, une remise en cause de l'autorité, justement, sous toutes ses formes intellectuelles, politiques, économiques, sociales et, comme on disait pas encore, sociétales. Ce n'était pas une révolution politique mais c'était beaucoup plus qu'une crise sociale, autre chose qu'une crise de régime, c'était un mode de vie qui était contesté, une organisation de la société qui soudain était rejetée, une crise existentielle collective qui explosait brusquement."*
>
> In deutscher Übersetzung:
>
> *„Mai 1968 ist etwas ganz anderes: eine Kulturrevolution, ein Aufbegehren der studentischen Jugend, eine Krise der Zivilisation, ein Infragestellen der Autorität in allen ihren Formen: intellektuellen, politischen, wirtschaftlichen, sozialen und, wie man*

37 Alain Duhamel, *Journal d'un Observateur,* Paris 2018, S. 59

es damals noch nicht nannte, gesellschaftlichen. Es war keine politische Revolution, aber es war auch viel mehr als eine soziale Krise, etwas anderes als eine Krise des Regimes, es war die gesamte Lebensart, die soziale Ordnung, die mit einem Mal abgelehnt wurde. Eine existenzielle Krise, die sich plötzlich Bahn brach.“

Besser kann man es in zwei Sätzen nicht zusammenfassen.

In meinen Betrachtungen der Auswirkungen dieser Ereignisse auf die französische Gesellschaft möchte ich mich auf die Bildungslandschaft konzentrieren. Die weiteren gesellschaftlichen Auswirkungen sind in vieler Hinsicht den gesellschaftlichen Veränderungen in den anderen westlichen Gesellschaften vergleichbar.

Die Bewegung ging von einem in Nanterre bei Paris neu geschaffenen Universitätscampus aus und hat das Verhalten der Politik gegenüber der Studentenschaft und den Hochschulen bis heute nachhaltig geprägt. Hatte man 1968 die Tragweite der Studentenproteste lange Zeit völlig unterschätzt, so war man in den Jahrzehnten danach ausgesprochen vorsichtig im Umgang mit den Studenten und Oberschülern. Als die Regierung von Édouard Philippe sich 2018 anschickte, den Universitätszugang und das Abitur (in Frankreich *Baccalauréat*) zu reformieren, warnten viele Stimmen vor einem solchen Unterfangen gerade in dem Jahr, in dem sich die Ereignisse von 1968 zum fünfzigsten Mal jährten. Die zuständigen Minister ließen sich, mit der Unterstützung des Premierministers und des Präsidenten, nicht von ihrem Projekt abbringen. Auf diese Reformen werde ich gleich noch zurückkommen. Sie gehören zu den wichtigsten, die zu Beginn der Amtszeit von Präsident Macron in Angriff genommen worden sind. Sie gehören aber auch zu den Reformen, deren Wirksamkeit erst nach einigen Jahren wirklich sichtbar werden wird.

Der von den Regierungen über Jahrzehnte geübten Vorsicht stand eine jederzeit aktive Interessenvertretung der Studentenschaft und der Oberschüler gegenüber. Diese in ihrer großen Mehrheit linken Organisationen mischen sich auch jederzeit in die politischen Debatten um allgemeine Reformprojekte ein. So führte 2006 die Ablehnung von Studenten und Schülern dazu, dass die Regierung von Dominique de Villepin ein Reformvorhaben zurückziehen musste, das eigentlich darauf abzielte, es den jungen Menschen zu erleichtern, einen Einstieg in das Berufsleben zu finden. Die Regierung hatte angesichts von 23 % Jugendarbeitslosigkeit vorgeschlagen, eine besondere Form des Arbeitsvertrags für Berufsanfänger (*contrat première embauche*) vorzusehen. Er sollte eine Brücke bauen vom Studium in den Arbeitsmarkt. Studenten- und Schülervertreter sahen in dem Projekt eine Benachteiligung der Berufseinsteiger und organisierten vielfältige Proteste, die im Pariser Universitätsviertel, dem *Quartier Latin*, zu brennenden Autos und der Errichtung von Barrikaden führten, die an die Zustände im Mai 1968 erinnerten. Das führte zum Rückzieher der Regierung: Präsident Jacques Chirac wurde die Sache zu heiß. Ob die sich seitdem entwickelnde Praxis, dass Berufseinsteiger zunächst ein Praktikum oder gar mehrere Praktika absolvieren, bis sie eine erste feste Anstellung bekommen, wirklich besser ist als das zurückgezogene Reformvorhaben, ist fraglich. In den Praktika werden sie schlecht bezahlt und haben praktisch keinen Arbeitsschutz. Die Praktikanten sind die ersten, die bei einer Verschlechterung der wirtschaftlichen Situation ihren Job verlieren. Das Ausbildungssystem und seine mangelhafte Verknüpfung mit der Berufswelt sind noch heute ein wichtiger Grund für eine auch im europäischen Vergleich hohe Jugendarbeitslosigkeit in Frankreich. Sie lag 2019 bei knapp 20 %. 1968 hatte sie noch bei 5 % gelegen und ist seitdem gestiegen. 1984 erreichte sie erstmals 20 %. Seitdem ist sie nie unter 15 % gesunken und erreichte 2013 mit 25 % sogar einen neuen Höchststand. Bei allen konjunkturellen Schwankungen ist die hohe Jugendarbeitslosigkeit in Frankreich ein strukturelles Problem.

Aber auch bei allgemeinen Reformen wie der Reform des Arbeitsrechts unter François Hollande Anfang 2016 oder der von Präsident Macron geplanten Rentenreform engagieren sich die Studenten- und Schülerorganisationen oft auf der Seite der Reformgegner (wobei man meinen könnte, dass für Schüler und Studenten der Renteneintritt nicht gerade das wichtigste Thema sein sollte).

In den Schulen sind ferner die linken Lehrergewerkschaften stark vertreten. Sie engagieren sich zum einen für eine möglichst weitgehende Umsetzung des Gleichheitsanspruchs in den Schulen, vertreten zum anderen aber auch ihre eigenen gewerkschaftlichen Anliegen mit Nachdruck. Dabei schrecken sie auch nicht vor regelmäßigen Streiks in den Schulen zurück, die die berufstätigen Eltern mit der Frage der Kinderbetreuung alleinlassen – angesichts der Tatsache, dass in den allermeisten französischen Haushalten beide Eltern arbeiten, eine oft schwierige Herausforderung.

Lehrergewerkschaften, Studenten- und Schülervertretungen haben in den letzten Jahrzehnten immer wieder tiefer greifende Bildungsreformen sowohl in der Schulausbildung wie im Hochschulbereich verhindert oder zumindest ihre Verwässerung bewirkt. Dies hat unter dem Deckmantel des Anspruchs nach möglichst großer *Égalite* in der Hochschulbildung de facto zu einer immer tieferen Spaltung zwischen den allgemein zugänglichen Universitäten und den elitären *Grandes Écoles* geführt. Dass die Eliteschulen ausgesprochen anspruchsvolle Eingangstest (*concours*) durchführen, ist gesellschaftlich akzeptiert und wird von vielen sogar als Ausdruck der Exzellenz dieser Eliteschulen verstanden. Dagegen ist der Zugang zu den normalen Universitäten allgemein und unbegrenzt möglich, sofern man über ein *Baccalauréat* verfügt. Der Ruf dieser allgemeinen universitären Ausbildung ist gegenüber dem der *Grandes Écoles* wesentlich schlechter. Die Berufsaussichten für die Absolventen der *Grandes Écoles* sind ausgesprochen gut, die der Universitätsabgänger deutlich schlechter, wobei hier natürlich die Fachrichtung einen wesentlichen Unterschied machen kann. Medizinstudenten brauchen sich weniger Sorgen zu machen als Abgänger mit einem Studium der Sozialwissenschaften oder der Sportpädagogik.

Ein wesentliches Ziel der Bildungspolitik der letzten Jahrzehnte war, dass ein größerer Anteil einer Schülergeneration das *Baccalauréat* absolviert. Das *Baccalauréat* als Abschlussprüfung des *Lycées* und Zugangsvoraussetzung für die Universität war von Napoleon im Rahmen seiner Bildungsreformen 1808 eingeführt worden. 1886 legte 1 % eines Schülerjahrgangs diese Prüfung ab. 1931 waren es 2,5 %. In den 1950er- und 60er-Jahren ist dieser Prozentsatz dann deutlich schneller gestiegen und erreichte 1967 15,4 %. Durch die Schaffung eines *Baccalauréat technologique* im Jahr 1968 stieg die Zahl der Absolventen bis 1970 auf 20,1 % und bis 1985 auf 29,3 %. Mit der Einführung des *Baccalauréat professionnel* unter Präsident Mitterrand 1985 ist der Anteil der Schüler eines Jahrgangs mit *Baccalauréat* noch einmal deutlich gestiegen: auf

65 % im Jahr 2000 und schließlich auf knapp 80 % im Jahr 2019. Die 80-%-Marke war über viele Jahre die angepeilte Zielgröße gewesen. Dabei haben sich laut Angaben des Erziehungsministeriums 2019 über 755.000 Schüler an den Abschlussprüfungen beteiligt. 51 % der Schüler strebten ein allgemeines *Baccalauréat* an, 21 % ein *Baccalauréat technologique* und 28 % ein *Baccalauréat professionnel*. Bei den Schülern, die danach eine Hochschulausbildung aufnehmen, ist der Prozentsatz derer, die ohne Abschluss die Hochschule verlassen, sehr unterschiedlich auf die drei Kategorien verteilt. Die französische Statistikbehörde hat etwa für das Jahr 2008 ermittelt, dass nur 10 % der Schüler mit einem allgemeinen *Baccalauréat* die Universität ohne Hochschulabschluss verlassen haben, während es bei den Schülern mit einem *Baccalauréat technologique* 30 % und bei einem *Baccalauréat professionnel* 60 % waren. Insgesamt kommen etwa 50 % der Schüler eines Jahrgangs zu einem Hochschulabschluss. Die unterschiedlichen Formen des *Baccalauréat* erlauben also den Hochschulzugang, die Erfolgsaussichten für die beiden zuletzt eingeführten Formen sind allerdings deutlich niedriger. Vielen dieser Schüler wird nach einem Fehlschlag an der Universität eine technische Ausbildung nahegelegt, die nach dem Scheitern an der Universität oft nur als zweitbeste Lösung wahrgenommen wird. Insofern ist auch die Weiterentwicklung und Aufwertung der dualen Berufsausbildung ein wesentlicher Reformansatz der Regierung Philippe.

Gleichzeitig streben immer mehr Schüler mit einem allgemeinen *Baccalauréat* in Richtung der Vorbereitungsklassen für die Eliteschulen. Hier siedeln sich auch viele Ingenieursschulen und – oft international orientierte – Handelsschulen (*Écoles de commerce*) an. Zugang zu diesen Schulen findet dann nur eine Minderheit, in der Kinder aus bildungsfernen Haushalten sehr schwach vertreten sind. Zwei Beispiele: Die Schüler der *École Polytechnique* entstammten 2017 nur zu 1,3 % einem Arbeiterhaushalt, zu 5,6 % einem Angestelltenhaushalt und dagegen zu 63,7 % einem Haushalt leitender Angestellter (*cadre superieur*). Für die Verwaltungshochschule ENA lauten die entsprechenden Zahlen für 2017: Arbeiterhaushalt 4,4 %, Angestelltenhaushalt: 4,5 % und Haushalt leitender Angestellter 68,8 %.[38] Zugegeben, bei diesen beiden

38 Quelle: *Observatoire des inégalités*, April 2017

Schulen ist der Unterschied besonders frappierend. Aber auch bei den anderen Eliteschulen sind die Kinder der leitendenden Angestellten mit immer mindestens 50 % vertreten und die Kinder aus Arbeiterhaushalten kommen nirgends über 6 %, die der Angestellten nirgends über 10 %. Dabei stellten in Frankreich die Kinder aus Arbeiterhaushalten 2017 knapp 30 % eines Schülerjahrgangs, die Kinder aus Angestelltenhaushalten knapp 9 % und die Kinder aus Haushalten leitendender Angestellter 17,5 %.

Das hängt auch damit zusammen, dass die Auswahl schon viel früher beginnt. Wer die Bewerbung bei einer der Eliteschulen für seine Kinder ins Auge fasst, versucht seine Kinder schon möglichst früh auf eine besonders renommierte Schule zu schicken. Von diesen herausragenden Schulen gibt es natürlich mehr im Großraum Paris und in anderen Ballungszentren als in ländlichen Regionen. Anschließend muss der Schüler oder die Schülerin sich in aller Regel für einen zweijährigen Kurs zur Vorbereitung auf die Aufnahmeprüfungen einschreiben. Den hohen Anforderungen und dem hohen Druck dieser Vorbereitungsklassen sind nicht alle Schüler gewachsen, die meist noch keine zwanzig Jahre alt sind. Ohne die Unterstützung der Eltern wird dieser Weg noch schwieriger, auch wenn es Stipendienprogramme gibt. Die oft zu hörende Kritik, dass sich hier die Eliten des Landes zu einem guten Teil selber reproduzieren, ist nicht ganz von der Hand zu weisen.

Der Universitätszugang dagegen ist seit 1968 frei und die Studienanfänger konnten bis vor Kurzem auch ihre Fachrichtung weitgehend frei wählen (Ausnahmen gab es vor allem bei den medizinischen Berufen). In der Praxis führte das aber zu großen Jahrgängen in den ersten beiden Studienjahren und zu einer hohen Zahl von Studienabbrechern. Die Regierung Philippe argumentierte 2018, um ihre Reformen öffentlich zu rechtfertigen, mit einer Abbrecherquote von 60 % in den Bachelor-Studiengängen.

Hier setzen die Reformen an. Mit einer Reform des *Baccalauréats* selbst, einer Reform der Berufsausbildung und einer Reform des Universitätszugangs soll erreicht werden, dass die Schüler frühzeitiger und ihren Fähigkeiten entsprechend beraten und orientiert werden. Damit sollen ihnen auch Enttäuschungen erspart und der Übergang in das Berufsleben erleichtert werden. Die Aufwertung der Berufsausbildung und insbesondere der dualen Ausbildung in Kooperation mit der Wirtschaft ist eine wesentliche Dimension dieser Reformen, die auch bereits erste Erfolge zeitigt. So stieg die Anzahl der Jugendlichen in solchen Ausbildungsgängen im Jahr 2019 um 16 % gegenüber dem Vorjahr. Hinsichtlich des Universitätszugangs müssen die Schulabgänger sich in einem landesweiten System mit Angabe ihrer Präferenzen bewerben und werden dann auch nach ihrer Vorbildung auf die Universitäten und Studiengänge verteilt. Dabei kann im Einzelfall die Universität auch ein weiteres Jahr der Studienvorbereitung einfordern. In den Schulen sollen dafür Beratungsgespräche mit den Schülern geführt werden. Damit soll eine bessere Orientierung der Schüler hinsichtlich ihrer Fähigkeiten, aber auch hinsichtlich der anschließenden Berufsmöglichkeiten erfolgen. In den beiden ersten Jahren hat sich das System eingespielt; ob es zu den angestrebten Zielen und vor allem zu einer Senkung der strukturellen Jugendarbeitslosigkeit führt, werden erst die kommenden Jahre zeigen. Dazu werden Schüler, Eltern und Lehrer auch lernen müssen, sich in dem neuen System zurechtzufinden.

Angesichts der Erfahrungen aus dem Mai 1968 hat man aber tunlichst versucht, jeden Anschein einer Auslese (*sélection*) zu vermeiden. Das Wort kommt nicht vor. Ausgeprägte Selektion bleibt also die Norm bei den Eliteschulen und ein Unwort im Zusammenhang mit dem allgemeinen Hochschulzugang. Aus dem Raster fallen vor allem die Medizinstudien, für die ein Numerus clausus gilt, der sich vor allem an den Ausbildungsplätzen in den Krankenhäusern orientiert.

KAPITEL IX:
2005: Das Referendum zum europäischen Verfassungsvertrag
Europapolitisches Fanal und innenpolitische Wasserscheide

Am 29. Mai 2005 stimmten 55,7 % der Franzosen gegen den europäischen Verfassungsvertrag: einen Vertrag, der in den Jahren 2002/03 in einem neuen, offeneren Verfahren mit Beteiligung sowohl europäischer wie nationaler Parlamentarier unter dem Vorsitz des ehemaligen französischen Staatspräsidenten Valéry Giscard d'Estaing erarbeitet worden war. Dieses Ergebnis des Referendums schickte einerseits eine Schockwelle durch Europa, andererseits war es innerfranzösisch der letzte Höhe-(oder Tief-)punkt in einer über Jahrzehnte andauernden Auseinandersetzung zwischen Staatspräsident Chirac und seinem Vorgänger Giscard d'Estaing. Nachdem, so die Sichtweise von Giscard d'Estaing, schon seine Wiederwahl als französischer Präsident 1981 von Chirac hintertrieben worden war, wurde nun auch sein letztes großes Projekt, der europäische Verfassungsvertrag, durch ein nicht zwingend erforderliches Referendum und vor allem durch eine wenig überzeugende Referendumskampagne Chiracs zu Fall gebracht. Hatte es doch die französische Regierung für erforderlich gehalten, allen Haushalten den schon für Experten nur schwer verständlichen Vertragstext vollständig zur Verfügung zu stellen. Giscard d'Estaing war dabei natürlich der Ansicht, dass sein Werk, der Verfassungsvertrag, durchaus den für ein Referendum erforderlichen Rang hatte; aber die aus seiner Sicht missglückte Referendumskampagne lastete er Chirac dann doch an: Chirac hatte nicht persönlich für sein, Giscards, Werk gekämpft.

Manche Beobachter waren oder taten völlig überrascht, obwohl sich das „Nein" in den Umfragen vor dem Urnengang abgezeichnet hatte. Und vor allem: Es war nicht das erste Mal, dass eine Volksabstimmung zu einem europäischen Vertrag mit einem knappen Ergebnis endete. Am 20. September 1993 bei der Abstimmung über den Maastrichter Vertrag hatte sich das „Ja" mit nur 51,04 % sehr knapp durchgesetzt.

Die Auseinandersetzung zwischen stark proeuropäisch engagierten Politikern und französischen Souveränisten durchzieht die französische Europageschichte von Anfang an. So gingen entscheidende Impulse für die europäische Integration von französischen Staatsmännern wie Jean Monnet und dem Lothringer Robert Schuman aus. Die berühmte Europarede von Robert Schuman vom 9. Mai 1950 legte den Grundstein für die Montanunion, mit der die Kohle- und Stahlindustrien der sechs Gründerstaaten Frankreich, Deutschland, Italien, Belgien, Niederlande und Luxemburg zusammengelegt wurden. Damit wurde die für die Kriegsführung entscheidende Industrie vergemeinschaftet, um Krieg zwischen diesen Ländern für immer auszuschließen. Am 24. Oktober 1950 hat dann der französische Verteidigungsminister René Pleven einen Plan für eine europäische Verteidigungsgemeinschaft (EVG) vorgelegt, der dann allerdings am 30. August 1954 ausgerechnet am Widerstand der französischen Nationalversammlung scheiterte. Französische Souveränisten einschließlich der Gaullisten hatten den Vertrag zu Fall gebracht. Die europäische Sicherheits- und Verteidigungspolitik ist nie wieder so weit wie damals gekommen.

So hat Frankreich auf der einen Seite wesentliche Impulse zur europäischen Integration gesetzt, andererseits aber mit der EVG und dem europäischen Verfassungsvertrag im Abstand von 51 Jahren zwei wegweisende, stark von der französischen Politik geprägte Projekte zu Fall gebracht.

Hier ist nicht der Ort, um die Geschichte der französischen Europapolitik zu erzählen, so reizvoll das auch wäre. Ich möchte mich im Folgenden auf drei Aspekte konzentrieren:

1. die Folgen der Abstimmung von 2005 für das politische Koordinatensystem Frankreichs bis hin zum Aufstieg von Emmanuel Macron
2. die längerfristigen Auswirkungen der europäischen Integration auf das französische Wirtschafts- und damit Gesellschaftsmodell
3. die Rolle Deutschlands als ständiger Fixpunkt der europapolitischen Debatten Frankreichs in den letzten Jahrzehnten

Die französische Innenpolitik der Fünften Republik war über Jahrzehnte von einem Links-Rechts-Gegensatz dominiert. Die engagiertesten Vertreter der europäischen Integration entstammten dabei immer dem Zentrum des politischen Spektrums. In der von der Polarisierung lebenden politischen Welt der Fünften Republik, in der am Ende alles auf einen Zweikampf im zweiten Wahlgang der Präsidentschaftswahlen hinausläuft, haben es Politiker des Zentrums immer schwergehabt, sich in diesem Wettbewerb durchzusetzen.

Vor Emmanuel Macron setzte sich nur einmal ein Politiker der gemäßigten Rechten zunächst im eigenen Lager und dann bei den Präsidentschaftswahlen durch: Valéry Giscard d'Estaing 1974. In seiner Amtszeit, gezeichnet von den Folgen der beiden Ölpreisschocks 1973 und 1979, entstand auf sein gemeinsames Betreiben mit Bundeskanzler Helmut Schmidt der Europäische Rat, in dem die Staats- und Regierungschefs der Mitgliedstaaten der Europäischen Union zusammenkommen, um die großen Orientierungslinien innerhalb der EU festzulegen und die schwierigsten Entscheidungen zu treffen. Giscard d'Estaing sorgte dann auch dafür, dass bei der Erarbeitung des Verfassungsvertrags unter seinem Vorsitz 2002/03 der Europäische Rat als Organ der EU in die Verträge aufgenommen wurde; vorher handelte es sich um ein informelles Zusammenkommen. 1981 verlor Giscard d'Estaing dann die Präsidentschaftswahl gegen François Mitterand. Bis heute macht er die mangelnde Unterstützung von Jacques Chirac aus dem eigenen rechten Lager für seine Niederlage verantwortlich. Chirac – so die Lesart – bevorzugte einen Wahlsieg der Linken gegenüber einer dauerhaften Dominanz der gemäßigten Rechten im eigenen Lager.[39] Chirac erhoffte sich von einer stärkeren Rechts-Links-Polarisierung eine Chance, selber Präsident werden zu können. Darauf musste er dann allerdings noch 14 Jahre warten, bis 1995.

In den ersten zwei Jahren seiner Präsidentschaft hat François Mitterrand damit begonnen, sein linkes Wahlprogramm insbesondere in der Wirtschafts-, Sozial- und Finanzpolitik umzusetzen.

39 siehe Giscard d'Estaings *Memoiren Le Pouvoir et la Vie*, Band 3: *Choisir*, Paris 2006, S. 465–467 und 523–531

Die Folge waren Verstaatlichungen, die Einführung der Rente mit 60 Jahren und die Ausweitung von sozialen Programmen. Zwei Jahre später, unter dem Druck sich rapide verschlechternder Staatsfinanzen und unter dem Einfluss seines Wirtschafts- und Finanzministers Jacques Delors, schwenkte Mitterrand auf eine eher sozialdemokratische Linie ein. Damit eröffnete sich auch eine Perspektive für weitere wichtige europäische Integrationsschritte. Jacques Delors, von 1985 bis 1995 Präsident der Kommission, brachte den europäischen Binnenmarkt und dann, unmittelbar vor der deutschen Wiedervereinigung, die europäische Wirtschafts- und Währungsunion (WWU), kurz den Euro, auf den Weg. Die Verhandlungen zur WWU endeten am 7. Februar 1992 mit der Unterzeichnung des Maastrichter Vertrags, der in Frankreich am 20. September 1993 mit einer hauchdünnen Mehrheit in einem Referendum ratifiziert wurde.

Mitterrand wusste, dass er Frankreich mit der Aufgabe der Währungshoheit in einen engen wirtschafts- und finanzpolitischen Verbund geführt hatte. Jacques Delors hatte daran in dem nach ihm benannten Bericht von 1989, der den Vertragsverhandlungen vorausging und den er zusammen mit den Chefs der Zentralbanken der beteiligten Länder erarbeitet hatte, keinen Zweifel gelassen. Mitterrand ging es dabei gerade auch darum, das sich wiedervereinigende Deutschland noch enger in den europäischen Verbund einzubinden. Die Rolle und der Platz Deutschlands im europäischen Machtgefüge waren eine der zentralen Triebfedern seiner Politik. Sein langjähriger Generalsekretär im *Elysée*, der spätere Außenminister Hubert Vedrine hat das in einem umfangreichen Werk zur Präsidentschaft von Mitterrand in allen Facetten nachgezeichnet.[40] Noch das letzte der vielen von Mitterrand verfassten Bücher, das erst kurz nach seinem Tod veröffentlicht wurde, war der deutschen Frage gewidmet (*De l'Allemagne, de la France*, Paris 1996). So spielte der Maastrichter Vertrag in der Deutschlandpolitik Mitterrands im Kontext der deutschen Wiedervereinigung eine wesentliche Rolle, auch wenn die Vorarbeiten schon zu einem Zeitpunkt begonnen hatten, als die deutsche Wiedervereinigung sich noch nicht am Horizont abzeichnete. So hatte der Europäi-

40 Hubert Vedrine, *Les Mondes de François Mitterrand*, Paris 1996; siehe insb. das Kapitel XIII „*De la Chute du Mur au Traité de Maastricht*", S. 423–479, und das Kapitel XVI „*L'Europe après Maastricht*", S. 551–579

sche Rat im Juni 1988 in Hannover den Delors-Ausschuss eingesetzt, der dann ab September 1988 den schon erwähnten Delors-Bericht ausgearbeitet hatte.

Mit der Zugehörigkeit zu einem einzigen Währungsraum mit einer eigenen Zentralbank verloren die Mitgliedstaaten und damit auch Frankreich für die Zukunft die Möglichkeit, durch die Anpassung der Wechselkurse den Verlust von Wettbewerbsfähigkeit gegenüber anderen Mitgliedstaaten auszugleichen. Währungskrisen mit Ab- und Aufwertungen gehörten damit zwar der Vergangenheit an, aber die erforderlichen Anpassungen konnten jetzt nur noch über reale Anpassungen, das heißt Strukturreformen im eigenen Land, erfolgen. Viele Unterstützer des Euro erhofften sich davon auch einen „heilsamen" Druck auf Frankreich, um seine Wettbewerbsfähigkeit zu stärken und vielleicht auch manche innenpolitische Debatte hinter sich lassen zu können.

Von François Mitterrand wird der Ausspruch kolportiert, nach ihm werde es keine großen französischen Präsidenten mehr geben. Ich habe für diesen Ausspruch bisher keinen Beleg finden können, aber er entbehrt nicht einer gewissen Glaubwürdigkeit. Zum einen war Mitterrand von seiner herausragenden Rolle überzeugt und zum anderen wusste er eben, dass mit der Schaffung der europäischen Wirtschafts- und Währungsunion auch Frankreich in Zukunft nationale Handlungsspielräume verlieren würde. Man hatte Deutschland einbinden wollen – und sich damit aber eben auch selbst gebunden. Im französischen Regierungssystem mit dem direkt gewählten Staatspräsidenten entstand dadurch eine zusätzliche Spannung zwischen Anspruch und Wirklichkeit. Die Wähler projizieren auf den direkt gewählten Präsidenten alle ihre Erwartungen, die dieser als Kandidat in seinem Wahlkampf in aller Regel auch angeheizt hat, ohne dass die Präsidenten und ihre Regierungen innerhalb des europäischen Währungsverbunds noch die gleichen Spielräume in der nationalen Wirtschafts- und Finanz- und damit auch Sozialpolitik haben wie vormals. Das kann man am besten daran ermessen, dass der neue französische Franc, als er 1960 eingeführt wurde, mit dem folgenden Wechselkurs zur D-Mark ausgeben worden war: 1,20 Francs zu 1,- DM. Beim Übergang von D-Mark und Franc in den Euro entsprach dann Ende 1999 1,- DM 3,35 Francs.

Der Franc hatte also zwei Drittel seines Wertes gegenüber der D-Mark verloren. Der Wechselkurs zwischen D-Mark und Franc war über die ersten zehn Jahre stabil geblieben. Dann begannen die sukzessiven Abwertungen. Sie hatten es der französischen Industrie allerdings erlaubt, auf dem Weltmarkt konkurrenzfähig zu bleiben. Mit Einführung des Euro wirkten sich die hohen Sozialabgaben und die im Jahre 2000 eingeführte 35-Stunden-Woche nachteilig auf die Wettbewerbsfähigkeit der französischen Wirtschaft aus und ein Ausgleich über Wechselkursanpassungen war nicht mehr möglich.

Nachdem Mitterrand sich für ein Referendum zum Maastrichter Vertrag entschieden hatte, wurde in der öffentlichen Debatte deutlich, dass es schon 1993 sowohl auf der Linken wie auf der Rechten einerseits entschiedene Vertreter des Maastrichter Vertrags gab und andererseits links (insbesondere Jean-Pierre Chévenement) wie rechts (insbesondere Charles Pasqua und Philippe Séguin) Souveränisten gegen den Vertrag Front machten. Diese souveränistischen Strömungen blieben allerdings innerhalb der jeweiligen Lager noch in der Minderheit und letztlich eingebunden, auch wenn sie sicher dazu beigetragen haben, dass das „Nein" zum Maastrichter Vertrag auf fast 49 % kam. Auch nach 1993 war der dominierende Gegensatz in der französischen Innenpolitik weiterhin der zwischen Rechts und Links. Seit Beginn der 1970er-Jahre entstand mit dem Front National allerdings rechts außen eine nationalistische Partei, die immer mehr an Einfluss gewann. Bei den Präsidentschaftswahlen 2002 gelangte ihr Gründer Jean-Marie Le Pen zum ersten Mal in den zweiten Wahlgang, wo er dann von Chirac mit 80 zu 20 % klar geschlagen wurde. Durch das Scheitern des PS-Kandidaten Lionel Jospin im ersten Wahlgang kam es aber nicht zu der in allen vorhergehenden Wahlen dominierenden Rechts-Links-Entscheidung im zweiten Wahlgang. Und der Front National war, anders als die beiden großen Parteienfamilien, in seiner Haltung zu Europa nicht gespalten. Europaskepsis war ein wesentlicher Bestandteil seines Programms.

Vor dem Referendum 2005 nahm die Spannung zwischen den Pro- und Contra-Lagern in beiden Parteienfamilien zu. Am Ende konnte sie innerhalb beider Parteienfamilien nicht mehr wirklich zu einem Ausgleich gebracht werden. Besonders offensichtlich war das aufseiten der Sozialistischen Partei. François Hollande in seiner damaligen Funktion als Erster Parteisekretär hatte am 1. Dezember 2004 ein internes Referendum organisiert, das die Befürworter mit 59 % gewannen. Laurent Fabius, der parteiintern für eine Ablehnung des Verfassungsvertrags eingetreten war, hat sich dann im Folgenden ebenso wie Jean-Luc Mélanchon oder Arnaud Montebourg dieser Parteilinie nicht angeschlossen, sondern weiter für die Ablehnung des Vertrags geworben. Die Sozialistische Partei war vor den Augen der Öffentlichkeit in dieser Frage auseinandergebrochen. Auf der Rechten setzten sich die allermeisten Politiker, angeführt von dem damaligen Außenminister Michel Barnier, für eine Zustimmung zum Verfassungsvertrag ein. Aber auch hier gab es namhafte Abweichler, wie Nicolas Dupont-Aignan, Philippe de Villiers oder Charles Pasqua, der sich zwölf Jahre zuvor schon gegen den Maastrichter Vertrag positioniert hatte.

Nikolas Sarkozy hat dann im Wahlkampf 2007 versprochen, ausgehend von dem gescheiterten Verfassungsvertrag einen vereinfachten Vertrag auszuhandeln und diesen dann parlamentarisch ratifizieren zu lassen. Ein zweites Referendum zum Verfassungsvertrag sollte es nicht geben. Sarkozy verstand seine Wahl zum Präsidenten im Mai 2007 als hinreichende Legitimierung, um den im Wahlkampf angekündigten Weg auch zu beschreiten. Der 2007 unter deutscher Ratspräsidentschaft ausgearbeitete Lissabonner Vertrag ist dann auch in Frankreich parlamentarisch ratifiziert worden. Er stellt bis heute die letzte signifikante Fortentwicklung der europäischen Verträge dar. Inhaltlich orientierte er sich weitgehend an dem gescheiterten Verfassungsvertrag, verzichtet aber auf alle verfassungsähnlichen Elemente wie europäische Symbole oder eine der Staatenpraxis entlehnte Rechtssprache. Die Kritiker in Frankreich, insbesondere auf der Linken, haben Sarkozy vorgeworfen, auf diese Weise den im Referendum 2005 zum Ausdruck gekommenen Volkswillen umgangen zu haben.

Präsident Hollande, der 2005 daran gescheitert war, innerhalb der Sozialistischen Partei eine gemeinsame Linie zum Verfassungsvertrag durchzusetzen, ist während seiner gesamten Amtszeit von 2012 bis 2017 davor zurückgeschreckt, wenigstens die Eurozone nach der Eurokrise von 2010 bis 2012 auf eine neue vertragliche Grundlage zu stellen. Er befürchtete stets, dem Wunsch nach einem weiteren

Referendum einerseits nicht standhalten und dann andererseits seine Mehrheit (und seine Regierung) in einem solchen Referendum nicht zusammenhalten zu können. Denn die Sozialisten hatten das Vorgehen von Nicolas Sarkozy, das zum Inkrafttreten des Lissabonner Vertrags geführt hatte, immer scharf kritisiert. Sie konnten jetzt also schlecht selbst einen neuen Vertrag abschließen, ohne ihn dem Volk in einem Referendum vorzulegen. Und François Hollande hatte bei der Regierungsbildung 2012 auch Vertreter des „Nein"-Lagers von 2005 in die Regierung aufgenommen: Arnaud de Montebourg als Wirtschaftsminister und Laurent Fabius als Außenminister.

Schon die von Sarkozy im Februar 2012 ausgehandelten intergouvernementalen Verträge zur Stärkung der Eurozone, der Fiskalvertrag und der ESM-Vertrag, stellten Hollande zu Beginn seiner Amtszeit vor erhebliche Probleme. Insbesondere den Fiskalvertrag hatte er im Wahlkampf als ein Instrument der (deutschen) Austeritätspolitik scharf abgelehnt und eine Neuverhandlung in Aussicht gestellt. Dazu ist es nach Monaten intensiver Verhandlungen nicht gekommen und der Fiskalvertrag wurde im Herbst 2012 in Frankreich parlamentarisch ratifiziert. Hollande wollte am Ende eben doch kein erneutes Ausbrechen der Eurokrise riskieren und der Europäische Rat hatte sich im Juni 2012 auf eine Investitionsstrategie und den Einstieg in die europäische Bankenunion geeinigt. Aber auch Hollande wurde jetzt vorgeworfen, sein Wahlversprechen gebrochen und das Volk in einer zentralen europapolitischen Frage übergangen zu haben.

So wurde die Europapolitik in den Jahren 2005 bis 2012 zur Bruchlinie innerhalb der großen Parteienfamilien sowohl im linken wie im rechten Lager.

Dies war ein entscheidender Ansatzpunkt von Emmanuel Macron, als er im April 2016 seine politische Bewegung *En Marche* gründete, um das überkommene Parteiensystem aufzubrechen. Er hatte, zunächst als stellvertretender Generalsekretär im *Elysée* und dann kurzzeitig als Wirtschaftsminister, die Spannungen und Kämpfe um die Europafragen innerhalb der sozialistischen Regierung unter François Hollande aus nächster Nähe miterlebt und erkannt, dass sie Frankreich letztlich in einen Immobilismus führten.

Im Präsidentschaftswahlkampf 2016/17 versuchten sowohl Alain Juppé wie Manuel Valls, mit einer proeuropäischen Grundausrichtung die Vorwahlen innerhalb ihrer jeweiligen Partei zu gewinnen. Beide unterlagen aus unterschiedlichen und vielfältigen Gründen. Ihre proeuropäische Ausrichtung hatte jedenfalls nicht ausgereicht, um sich im eigenen Lager durchzusetzen.

Die von Emmanuel Macron gegründete neue Bewegung siedelte sich dagegen in der politischen Mitte an (weder links noch rechts) und machte aus ihrer proeuropäischen Grundüberzeugung einen ihrer Markenkerne, vielleicht sogar den wichtigsten. Damit trafen im zweiten Wahlgang im Mai 2017 mit Emmanuel Macron und Marine Le Pen zum ersten Mal zwei Kandidaten aufeinander, die in der Europapolitik diametral entgegengesetzte Positionen vertraten, dabei aber von ihren Parteien geschlossen unterstützt wurden. Nicht mehr das alte Rechts-Links-Schema, sondern ein neues Pro-vs.-Anti-Europa-Schema dominierte die Auseinandersetzung. Diese Gegenüberstellung hatte zwar bereits die beiden Referenden 1993 und 2005 bestimmt, aber nicht die innenpolitische Auseinandersetzung als solche. Macron setzte sich durch, auch weil viele politische Kräfte ihre grundsätzliche Ablehnung von Marine Le Pen über ihre Gegnerschaft zu Macron stellten. Er gewann die Wahl, weil er ein gutes Drittel der Franzosen von seinem Programm überzeugen konnte (im ersten Wahlgang war er nur auf 24 % der Stimmen gekommen) und weil ein weiteres Drittel ihn Marine Le Pen vorzog. Das Wahlergebnis bedeutete also nicht, dass jetzt zwei Drittel der Franzosen im proeuropäischen Lager standen.

Im September 2017 hielt Macron dann in der Sorbonne seine programmatische Europarede, die bis heute als sein europapolitisches Credo gelten kann.

Weder die Sozialistische Partei noch die Mitte-Rechts-Partei UMP, die sich in *Les Républicains* umbenannt hat, haben sich bisher von der verheerenden Niederlage von 2017 erholen können. Und Macron setzt bewusst weiter auf die Polarisierung gegenüber Marine Le Pen und den Nationalisten. Bei den Europawahlen 2019 hatte er damit auch durchaus noch einmal Erfolg. Le Pen war mit 23,3 % etwas schwächer als bei der Europawahl fünf Jahre zuvor und Macron lag mit 22,4 % nur knapp hinter seinem Ergebnis von 2017.

Die Sozialisten dagegen mit 6,1 % und die *Républicains* mit 8,4 % erlebten erneut ein Debakel.

Die innenpolitische Auseinandersetzung mit Le Pen ist auch ein wesentliches Motiv für Macron, den Souveränitätsbegriff im Sinne einer europäischen Souveränität positiv zu besetzen und ihn nicht Marine Le Pen und damit einer nationalistischen Interpretation zu überlassen.

Insofern liegt dem Ruf nach mehr europäischer Souveränität allerdings keine staatsrechtliche Konzeption zugrunde. Souveränität, verstanden als Einheit von Staatsvolk, Staatsgebiet und Staatsmacht, wird als Konzept gerade nicht auf die Europäische Union angewandt. Eine solche Definition würde unweigerlich die Frage nach einer europäischen Föderation aufwerfen, in der entscheidende Kompetenzen auch im Bereich der Außen- und Sicherheitspolitik auf die europäische, die föderale Ebene übertragen werden müssten. Dem steht das französische Selbstverständnis der nationalen strategischen Autonomie letztlich diametral entgegen.

„Souveränität" ist also eher eine Chiffre aus der innenpolitischen Debatte für mehr europäische Handlungsfähigkeit. Um diese größere Handlungsfähigkeit zu erreichen, müssen sich die Mitgliedstaaten untereinander besser abstimmen, bleiben aber die entscheidenden Akteure. Für viele französische Akteure schwingt dabei immer mit, dass eine effizientere europäische Handlungsfähigkeit eben auch erfordere, dass sich die anderen Europäer die französischen Sichtweisen und Sicherheitsinteressen – auf welchem Feld auch immer – stärker zu eigen machen. Frankreich steht in seiner eigenen Wahrnehmung in diesen Fragen mindestens eine inoffizielle Führungsrolle zu, da Frankreich – spätestens nach dem Ausscheiden des Vereinigten Königreichs aus der EU – aufgrund seiner militärischen Fähigkeiten, seiner diplomatischen Sonderstellung (ständiger Sitz im UN-Sicherheitsrat) und seiner politischen Tradition hierfür besonders gerüstet sei. Deutschland wird in diesen Fragen weiterhin als ein zögerlicher und letztlich nur begrenzt engagierter Partner wahrgenommen.

Ob sich das politische Koordinatensystem Frankreichs wirklich dauerhaft verschoben hat, werden allerdings erst die nächsten Präsidentschaftswahlen zeigen. Bleibt nach der Bewältigung der Corona-Pandemie der Pro-/Anti-Europa-Gegensatz der dominierende oder kehrt doch der alte Links-Rechts-Gegensatz zurück? Und wo werden die Wähler Emmanuel Macron 2022 verorten? All das wird erst die Zukunft erweisen.

Die ursprüngliche Strategie von Emmanuel Macron, durch Strukturreformen am Arbeitsmarkt, in der Aus- und Fortbildung, bei der Unternehmensbesteuerung sowie durch eine (inzwischen zurückgestellte) Rentenreform und eine (derzeit ausgesetzte) Reform der Arbeitslosenversicherung die französische Wirtschaft zu stärken, die Arbeitslosigkeit zu senken und damit auch die französische Glaubwürdigkeit auf europäischer Ebene wieder zu stärken, ist jedenfalls erst einmal durch die wirtschaftlichen, finanziellen und sozialen Folgen der Corona-Pandemie durchkreuzt worden.

Die längerfristigen Auswirkungen der europäischen Integration auf das französische Wirtschafts- und Gesellschaftsmodell im Vergleich zu Deutschland

Präsident Macron hat in seiner Rede anlässlich der Unterzeichnung des Vertrags von Aachen (22.01.2019) für eine noch stärkere politische, wirtschaftliche und soziale Konvergenz in Europa geworben, vor allem zwischen Deutschland und Frankreich. Gleichzeitig hat er immer wieder, wenn auch in jüngerer Zeit etwas vorsichtiger, die wachsende Divergenz seit Beginn der Eurokrise bedauert.

Über einen längeren Zeitraum betrachtet, ist aber insgesamt eine bemerkenswerte Konvergenz zwischen Frankreich und Deutschland infolge der europäischen Integration festzustellen. Und es bleiben noch viele Baustellen, die weitere Konvergenzanstrengungen erforderlich machen, die allerdings nicht in Gleichmacherei enden sollen.

Für Macron liegt die neue deutsch-französische Verantwortung für Europa in erster Linie in der Förderung der Konvergenz gerade dort, wo sie aus seiner Sicht noch nicht weit genug gediehen ist, z. B. auf den Gebieten Verteidigung und Sicherheit, Raumfahrt, Innovation und Migration, aber auch beim ökologischen und digitalen Wandel sowie bei den Steuer- und Sozialsystemen. Dabei bezieht Macron sich ausdrücklich auf seine Konzepte der „europäischen Souveränität“ und eines Europas, das vor Bedrohungen schützt, die von außen auf den Kontinent einwirken, aber auch vor solchen, die aus den europäischen Gesellschaften selbst kommen („*une Europe qui protège*").

Als Mittel gegen diese Bedrohungen setzt Macron vor allem auf konvergenzfördernde europäische, über öffentliche Gelder finanzierte Maßnahmen, zunehmend in klassisch französischer Manier mit protektionistischem und sozialpolitischem Einschlag („gerechte" Fiskalpolitik/Digitalsteuer, kein „Sozialdumping" etc.).

Daneben bleiben die nationalen Herausforderungen in der Wirtschafts- und Finanzpolitik bestehen. Diesbezügliche Maßnahmen müssen auf eine Stärkung des Wirtschaftsstandorts Frankreich zielen. Auch die richtigen Antworten auf diese Herausforderungen führen über die Zeit zu mehr französisch-deutscher Konvergenz. Dabei muss sich das Land vor allem durch einen effizienteren Einsatz seiner öffentlichen Mittel wieder den finanziellen Freiraum schaffen, um die Standortbedingungen, einschließlich des Bildungs- und Ausbildungssystems, effektiv verbessern und die individuelle Kaufkraft stärken zu können (so lautet eine Hauptforderung der „Gelbwesten").

Trotz kurzfristiger Auf-und-ab-Bewegungen ist über längere Zeiträume durchaus eine erhebliche Konvergenz zwischen Deutschland und Frankreich zu registrieren, in der Wirtschafts- und Währungspolitik, der Sozialpolitik, aber auch bei der Außen-, Sicherheits- und Verteidigungspolitik. Selbst in der regionalen Gliederung kommt es bei allen grundsätzlichen Unterschieden durch die schrittweise (vorsichtige) Dezentralisierung in Frankreich zu Annäherungen.

Motor dieser Konvergenz sind einerseits die allgemeinen europäischen Verträge und Entwicklungen (v. a. in der Wirtschafts- und Währungspolitik), andererseits der bilaterale Austausch zwischen den beiden Ländern und ähnliche Herausforderungen in der Innenpolitik (z. B. bei Themen wie Sozialpolitik/Mindestlohn oder Frauenerwerbstätigkeit/Kinderkrippen und Ganztagsschulen). Unterschiede in der Struktur der beiden Wirtschaftssysteme, aber auch in nationaltypischen Herangehensweisen bleiben dabei natürlich erhalten.

Im Folgenden werden Beispiele längerfristiger Konvergenz aus zwei verschiedenen Politikfeldern aufgeführt.

Über einen langen Zeitraum, seit den 1950/60er-Jahren, haben das Einkommens-/Wohlstandsniveau in beiden Ländern und die wirtschaftliche Konvergenz deutlich zugenommen, v. a. infolge der europäischen Integration.

Diese schrittweise, positive Konvergenz zwischen beiden Ländern entlang der Etappen der europäischen Integration wurde in den 80er- und 90er-Jahren weiter begünstigt durch die Vereinheitlichung von Normen und Regeln im europäischen Binnenmarkt und die Einführung des Euro. Die zugrunde liegende Dynamik hält bis heute an. Heute erreicht der bilaterale Handel im Bereich der Güter und Dienstleistungen ein Volumen von etwa 170 Milliarden Euro pro Jahr, etwa viermal so viel wie im Jahr 1990. Die bilateralen Direktinvestitionen betragen 120 Milliarden Euro, etwa fünfmal so viel wie 1990. Diese wirtschaftlichen Verbindungen schaffen Wachstum und Wohlstand in beiden Ländern.

Allerdings wurde die längerfristige wirtschaftliche Annäherung immer wieder durch Phasen der Divergenz in der (kurzfristigen) Konjunkturentwicklung unterbrochen, z. B. durch Krisenphasen, die unterschiedliche Anfälligkeiten/Reagibilitäten auf Schocks infolge struktureller Unterschiede offenbarten. Seit 1999 hatte Frankreich zunächst eine deutlich bessere Wachstumsdynamik als Deutschland, allerdings bei höherem Bevölkerungswachstum. Im Zeitraum 1999 bis 2018 hat das reale BIP pro Kopf in Frankreich daher nur um 16,9 % zugenommen, in Deutschland um 28,7 % (laut Berechnungen des IWF).

Insgesamt liegt das absolute BIP pro Kopf heute aber, als Ergebnis der langfristigen Konvergenz, in beiden Ländern auf einem vergleichbaren Niveau, zwischen 34.000 und 39.000 Euro, wobei Frankreich in den letzten Jahren gegenüber Deutschland etwas zurückgefallen ist.

Strukturelle Faktoren spielen bei der unterschiedlichen Wachstumsdynamik eine große Rolle, in Frankreich u. a. die Herausforderung, zusätzliches Arbeitsangebot in Wachstum umzusetzen: Trotz des insgesamt wachsenden Arbeitsangebots sind Unternehmen auch in Frankreich weiterhin mit einem Mangel an Fachkräften konfrontiert.

Bei aller Konvergenz bleiben die Unterschiede in der Wettbewerbsfähigkeit jedoch nach wie vor deutlich: Frankreichs Handelsbilanz ist weiterhin defizitär (62,3 Milliarden Euro im Jahr 2017), während Deutschland im selben Jahr einen Überschuss von 244,9 Milliarden Euro hatte. Die Kernherausforderungen für Frankreich liegen nach wie vor beim Produktivitätswachstum, bei der Aus- und Fortbildung von Arbeitnehmern, den Investitionen in Forschung und der Schaffung attraktiver Investitionsbedingungen für Unternehmen.

Daher gilt es, die Faktoren, die zu einer höheren wirtschaftlichen Konvergenz zwischen Deutschland und Frankreich beitragen, weiter zu stärken: Handelsbeziehungen, Kapitalflüsse, Arbeitskräftemobilität, steuerpolitische Rahmenbedingungen für Unternehmen und erhöhte strukturelle Flexibilitäten, etwa des Arbeitsmarktes.

2. Sozialpolitik

Seit 1971 hält das Europarecht die Mitgliedstaaten dazu an, ihre Sozialsysteme zu koordinieren, ohne jedoch das Niveau des sozialen Schutzes in den verschiedenen Mitgliedstaaten zu harmonisieren oder gar zu nivellieren.

Gleichzeitig konvergieren die Rahmenbedingungen für den Arbeitsmarkt als Folge des engen Austausches zwischen unseren Gesellschaften und aufgrund ähnlicher politischer Prioritätensetzung. Die in Frankreich unter Macron eingeleiteten Arbeitsmarktreformen z. B. orientieren sich zum Teil am deutschen Modell des sozialen Dialogs auf Branchen- und Unternehmensebene. Deutschland hat seinerseits mit dem Mindestlohn ein sozialpolitisches Instrument eingeführt, das in Frankreich schon seit Langem besteht. Bei der Förderung der Vereinbarkeit von Beruf und Familie hat Deutschland in den letzten Jahren Maßnahmen nach französischem Vorbild ergriffen (Kinderkrippen, Ganztagsschulen). Inzwischen weist Deutschland eine höhere Frauenerwerbsquote auf als Frankreich (allerdings mehr Teilzeitbeschäftigung als dort).

Die europäische Integration und vor allem das europäische Wettbewerbsrecht, der Binnenmarkt und der Euro haben über die Zeit die europäischen Wirtschafts- und Gesellschaftsmodelle und damit auch die Deutschlands und Frankreichs einander deutlich angenähert. Unterschiedliche konjunkturelle Entwicklungen und Sonderentwicklungen wie die deutsche Wiedervereinigung haben aber auch immer wieder dazu geführt, dass die beiden Länder sich phasenweise auseinander entwickelten. Insgesamt hat sich aber wohl doch eher Frankreich dem deutschen Modell der sozialen Markwirtschaft angenähert als Deutschland dem französischen Modell einer stärker etatistischen Wirtschaftsordnung. Marktwirtschaft, Wettbewerb, Preisstabilität und Unabhängigkeit der Zentralbank sind wesentliche Grunddeterminanten der europäischen Wirtschaftsordnung.

Diese Entwicklung trägt dazu bei, dass die Souveränisten in Frankreich, linker oder rechter Couleur, in der europäischen Integration eine mindestens partielle Aufgabe französischer Eigenständigkeit sehen. Europa ist für sie das Trojanische Pferd, über das die Globalisierung mit allen empfundenen Nachteilen in Frankreich angekommen ist. Die erheblichen Wohlstandsgewinne der europäischen Integration gerade auch in Frankreich werden dabei wie selbstverständlich hingenommen und jedenfalls nicht Europa gutgeschrieben.

Die Rolle Deutschlands als ständiger Fixpunkt der europapolitischen Debatten Frankreichs in den letzten Jahrzehnten

Französische Europapolitik war und ist immer auch Deutschlandpolitik. Über allem stand und steht der Leitsatz: Nie wieder 1940! Nie wieder solch ein Debakel. Diesem Ziel dienen letztlich die beiden Hauptstränge französischer Außen- und Europapolitik seit den 50er-Jahren, auch wenn sie manchmal widersprüchlich wirken. Zum einen: Deutschland über eine immer engere europäische Integration einbinden. Schuman-Plan, EWG, Binnenmarkt und Euro waren unter diesem Gesichtspunkt die großen Etappen.

Zum anderen aber: Französische Autonomie bewahren. Das manifestiert sich im ständigen Sitz im Sicherheitsrat der Vereinten Nationen, dem Beharren auf der eigenen nuklearen Streitmacht und generell der Betonung französischer Souveränität von de Gaulle bis heute.

Seit der deutschen Wiedervereinigung 1990 hat sich die französische Sicht auf Europa und die Einschätzung der Rolle Deutschlands in diesem Europa verschoben. Vorher – bis 1989 – war Frankreich zumindest in seiner eigenen Wahrnehmung die eigentliche Führungsmacht in Europa. Die Zentralmacht. Frankreich hatte Deutschland nach dem Krieg die Hand zur Zusammenarbeit ausgestreckt; einem Deutschland, das aber letztlich eben doch der Juniorpartner in der Führungsverantwortung für Europa war. Die deutsch-französische Zusammenarbeit diente immer zugleich der Einbindung Deutschlands und der Durchsetzung wesentlicher französischer Anliegen. Mit der deutschen Wiedervereinigung und der Osterweiterung der EU ab 2004 haben sich die Gewichte innerhalb der EU dann verschoben. Deutschland hatte an Bevölkerung und letztlich auch an Wirtschaftskraft zugelegt und rückte auch geografisch und politisch in eine Zentrallage innerhalb der EU.

Frankreich hat lange gehofft, die Osterweiterung hinauszögern zu können, sich dann aber letztlich der dahinter liegenden politischen Dynamik nicht entziehen können. Aber die bis heute vielfältig in Frankreich diskutierten Vorstellungen eines neuen Kerneuropas oder einer Neugründung ausgehend von der Eurozone zeugen davon, dass man in Frankreich davon träumt, in einer kleineren Staatengemeinschaft wieder eine stärkere Stellung einnehmen zu können. Wobei ein Teil der Kritik an den zu komplexen und oft zu langsamen Entscheidungsmechanismen der EU durchaus nachvollziehbar ist. Aber ein Zurück zu einer EU mit deutlich weniger Mitgliedstaaten ist nur schwer vorstellbar. Dennoch stößt vor diesem Hintergrund auch das Ausscheiden des Vereinigten Königsreichs aus der EU in Paris nicht nur auf Bedauern.

Die Neujustierung der Gewichte innerhalb der EU zeigte sich zunächst im Streit um die Stimmengewichtung im Ministerrat. Frankreich wollte sich lange nicht damit abfinden, dass der deutsche Bevölkerungszuwachs infolge der Wiedervereinigung auch seinen Niederschlag in den Abstimmungsregeln der EU finden sollte. Die Auseinandersetzung erreichte ihren Höhepunkt auf einer mehrtägigen Tagung des Europäischen Rats in Nizza im Dezember 2000. Präsident Chirac bestand auf Parität mit Deutschland bei den Stimmrechten. Eine Entkopplung der Stimmrechte angesichts des gewachsenen deutschen Bevölkerungsanteils wollte er auf keinen Fall konzedieren. Erst im Zuge der Ausarbeitung des europäischen Verfassungsvertrags 2002/03 hat sich das Prinzip einer doppelten Mehrheit durchgesetzt. Damit tritt neben eine erforderliche Staatenmehrheit, bei der Deutschland und Frankreich über die gleichen Stimmanteile verfügen, eine Bevölkerungsmehrheit, die den demografischen Realitäten Rechnung trägt.

Neben der Frage der Stimmrechte spielt in der französischen Debatte der letzten dreißig Jahre auch die Frage des wirtschaftlichen Gleichgewichts eine wichtige Rolle.

1970, zum Ende der dreißigjährigen Wachstumsphase nach dem Zweiten Weltkrieg (Les Trente Glorieuses) hatte die Staatsverschuldung Deutschlands einen Wert von 17,8 % und die Arbeitslosigkeit einen Wert von 0,8 %, während die Staatsverschuldung Frankreichs bei 20 % und die Arbeitslosenquote bei 2,2 % lagen.

1991, zum Zeitpunkt der deutschen Wiedervereinigung, erweiterte sich die deutsche Staatsverschuldung auf 43 %, wobei Frankreichs Staatsverschuldung mit 36 % geringer war. Außerdem hob sich die Arbeitslosenquote Deutschlands auf 5,6 % und die Frankreichs auf 8,1 %. Das Bruttoinlandsprodukt war mit 1.585 Milliarden (bei einem jährlichen Defizit von -3,1 %) in Deutschland höher als in Frankreich mit 1.091 Milliarden (bei einem jährlichen Defizit von -2,8 %).

In den folgenden Jahren hatte Deutschland die Wiedervereinigung auch ökonomisch zu stemmen. Frankreich erlebte wirtschaftlich gute Jahre, während Deutschland Anfang der 2000er-Jahre in der angelsächsischen Presse als der „kranke Mann“ Europas apostrophiert wurde.

2007, am Ende der Amtszeit von Präsident Chirac, betrug das BIP in Frankreich 1.941 Milliarden (bei einem jährlichen Defizit von -2,6 %) und in der Bundesrepublik 2.499 Milliarden (bei +0,2 %). Die Staatsverschuldung Deutschlands war mit 63,9 % etwas geringer als in Frankreich (64,5 %), wobei die Arbeitslosigkeit Deutschlands 8,5 % betrug und die Frankreichs 8 %.

Erst ab Mitte der 2000er entfalteten die unter der Regierung Schröder in Deutschland angestoßenen Reformen des Arbeitsmarktes ihre Wirkung. Unter der Regierung Merkel kam noch eine Rentenreform (schrittweise Anhebung des Renteneintrittsalters auf 67 Jahre) hinzu. In der Finanz- und Wirtschaftskrise 2008/09 war der Rückgang des BIP in Deutschland mit -5,3 % fast doppelt so stark wie in Frankreich mit -2,95 %. Frankreich brauchte dann aber wesentlich länger, um wieder auf das Vorkrisenniveau zu kommen:

2012, am Ende der Amtszeit von Präsident Sarkozy, hatte das französische BIP einen Stand von 2.088 Milliarden bei einem Defizit von -4,9 % und das deutsche BIP 2.745 Milliarden (bei einem Defizit von 0,0 %) erreicht. Die Staatsschulden beider Länder waren weiter angestiegen; in Deutschland auf 81,1 % und in Frankreich auf 90,6 %. Die Arbeitslosigkeit in Frankreich von 9,8% war weithöher als in Deutschland mit 5,4%.

2017, am Ende der Amtszeit von Präsident Hollande, überstieg das deutsche BIP von 3.245 Milliarden (bei einem jährlichen Plus von 1,2 %) das französische von 2.591 Milliarden (bei einem jährlichen Defizit von -2,7 %) mit großem Abstand. Deutschland hatte seine Staatsschulden auf 65,2 % gesenkt, während sich die französischen Staatsschulden im Vergleich zu 2012 auf 98,4 % erhöht haben. Auch in der Arbeitslosenquote unterschieden sich die beiden Staaten immer stärker voneinander: In Deutschland betrug die Arbeitslosigkeit 3,8 % und in Frankreich 9,4 %.

Auch diese Entwicklung war ein Motiv für Emmanuel Macron, in Frankreich Strukturreformen in Angriff zu nehmen, um den Abstand zu Deutschland wieder zu verringern und damit gleichzeitig den französischen Einfluss innerhalb der EU wieder zu stärken. Bis Anfang 2020 war Macron auch auf einem guten Weg. Jetzt wird sich zeigen müssen, ob die wirtschaftlichen und sozialen Folgen der Corona-Pandemie den ökonomischen Abstand zwischen Deutschland und Frankreich weiter vergrößern oder nicht. Das wird sich ernsthaft wohl erst Ende 2021 beurteilen lassen. Die aufmerksame Beobachtung dieser wirtschaftlichen Entwicklungen zeigt aber jedenfalls, wie sehr den französischen Akteuren die Parität, die Augenhöhe gegenüber Deutschland am Herzen liegt.

Nicht nur in ökonomischer Hinsicht war und ist Deutschland ein ständiger Bezugspunkt in der französischen Debatte. Auch im Zusammenhang der Flüchtlings- und Migrationskrise der Jahre 2015/16 oder aktuell der Corona-Pandemie wird in allen Angelegenheiten der Vergleich mit Deutschland gesucht. Da es dabei nicht um die Entwicklungen in Deutschland an und für sich geht, sondern immer auch um innerfranzösische Probleme, die gleichsam vor dem Spiegel Deutschlands debattiert werden, wird das Deutschlandbild nicht selten überzeichnet und dadurch eher zu einem Zerrbild als zu einem authentischen Abbild. Stimmen, die in Frankreich für mehr Haushaltsdisziplin werben, verweisen auf die Haushaltslage in Deutschland. Stimmen, die für eine expansivere Haushaltspolitik werben, warnen vor den Folgen einer deutschen Austeritätspolitik. Diejenigen, die in Frankreich für eine liberalere Einwanderungs- und Flüchtlingspolitik werben, verweisen auf die deutsche Willkommenskultur, während diejenigen, denen die bestehende Migrationspolitik zu weit geht, die (angebliche) deutsche Grenzöffnung im August 2015 als unverantwortbar kritisieren.

Deutschland ist in der französischen Debatte also zugleich Bezugspunkt und Projektionsfläche für innerfranzösische Debatten. Diese beiden Dimensionen gilt es in Deutschland immer im Auge zu behalten, wenn man sich mit öffentlichen französischen Äußerungen zu Deutschland auseinandersetzt.

KAPITEL X:
2012–2016: Islamistische Anschläge in Toulouse, Paris, Nizza und ganz Frankreich

Im März 2012 ermordete ein islamistischer Terrorist in der Gegend von Toulouse zunächst an zwei verschiedenen Tagen drei französische Soldaten und drang dann wenige Tage später in eine jüdische Schule in Toulouse ein, wo er drei Kinder und einen Lehrer erschoss. Erst weitere zwei Tage später wurde er von Sicherheitskräften in seiner Wohnung gestellt und kam nach einer 30-stündigen Belagerung bei dem Zugriff der Sicherheitskräfte ums Leben.

Die Anschlagserie schockierte Frankreich und die Weltöffentlichkeit weit über die französischen Grenzen hinaus. Die jüdische Gemeinde in Frankreich war zutiefst erschüttert. Hier machte sich ein Gefühl der Angst breit, das durch folgende antisemitische Anschläge noch verstärkt wurde und auch zu einer Emigration französischer Juden nach Israel und Kanada führte. Die vier Opfer aus der jüdischen Schule wurden in Israel beigesetzt. Nur dem unglaublichen Engagement des Leiters der Schule, der selbst seine achtjährige Tochter verlor, ist es zu verdanken, dass die Schule überlebt hat. Wenn man sie heute besucht, wirkt sie von außen wie eine Festung und die Trauer um die Opfer des Anschlags ist allgegenwärtig.

Die französische Politik und Öffentlichkeit haben den Attentäter lange für einen Einzeltäter gehalten. Erst nach einiger Zeit – und weiteren Anschlägen – ist diese Theorie relativiert worden. Das ist eine Entwicklung von entscheidender Bedeutung für das Verständnis dieser Taten. Denn selbst wenn der Täter allein gehandelt hatte, so war er doch keinesfalls isoliert. Es gab ein persönliches und familiäres Umfeld, das die Taten überhaupt erst ermöglicht hat. Auch war der Täter vorher im Mittleren Osten gewesen, wo er sich offensichtlich weiter radikalisiert hatte. Die Verurteilung seines Bruders und einer weiteren Person im Jahr 2019, nach jahrelangen Prozessen, hat diese Einbettung bestätigt. Der Bruder wurde am Ende für die Zugehörigkeit zu einer terroristischen Organisation und für Beihilfe zum Mord zu 30 Jahren Haft verurteilt. Den Klägern ging es insbesondere darum, auch den Tatbestand der Beihilfe zum Mord in dieser Sache berücksichtigt zu wissen.

Dieser erste schwere Anschlag führte allerdings noch nicht dazu, dass sich außerhalb der jüdischen Gemeinde ein allgemeines Gefühl der Bedrohung eingestellt hätte. Der Grad der Radikalisierung bestimmter Gruppen und ihre zunehmende Ausreise nach Syrien und in den Irak, um sich dem „Islamischen Staat" (IS) anzuschließen, waren bestenfalls ein Thema der spezialisierten Sicherheitsorgane. Dabei kam es in den Jahren 2012 bis 2014 zu einer signifikanten Anzahl von Fällen, in denen sich Franzosen dem IS und dessen Kampf im Vorderen und Mittleren Osten angeschlossen haben. Die in den unterschiedlichen Quellen zu diesem Phänomen genannten Zahlen variieren, lassen aber alle darauf schließen, dass mehrere Hundert französische Kämpfer oft gleichzeitig im Einsatz waren und insgesamt um die 1.500 Personen sich dem IS auf die eine oder andere Weise angeschlossen haben. Das französische Innenministerium sprach im August 2014 von 800 Personen, der französische Generalstaatsanwalt, der mit der Terrorabwehr betraut war, sprach im November von 1.132 betroffenen Personen, von denen zum besagten Zeitpunkt 376 im Kampfgebiet gewesen sein sollen, und ein Bericht des Senats vom April 2015 schließlich nannte die Zahl von 1.500 betroffenen Personen, von den über 500 zum besagten Zeitpunkt in der Region gewesen sein sollen.

Der eigentliche und bis heute nachwirkende tiefgehende Schock erreicht Frankreich dann im Jahr 2015 mit den Anschlägen in Paris am 7. Januar und am 13. November. Im Januar 2015 richteten sich aufeinander abgestimmte Anschläge gegen die Redaktion der Satire-Zeitschrift *Charlie Hebdo*, ein jüdisches Lebensmittelgeschäft und eine Polizistin. Dabei kamen insgesamt 17 Menschen ums Leben. Mit Trauermärschen in ganz Frankreich unter großer internationaler Anteilnahme (44 Staats- und Regierungschefs nahmen am 11. Januar an dem Pariser Trauermarsch teil) gedachten Millionen Franzosen der Opfer. Das Motto der Demonstration „Wir sind alle Charlie" fokussierte dabei stärker auf die ermordeten Journalisten als auf die erneut zur Zielscheibe gewordenen jüdischen Mitbürger.

Mit den Anschlägen Anfang Januar 2015 nimmt Frankreich die terroristische Bedrohung wahr und Präsident Hollande sie sehr ernst. Ab Januar 2015 beginnt der Einsatz der französischen Armee (*Opération Sentinelle*) im Inneren, um die Franzosen vor weiteren Anschlägen bestmöglich schützen zu können.

Die nächste große Anschlagserie am 13. November 2015 im Pariser Raum verstärkte das allgemeine Bedrohungsgefühl noch einmal erheblich, zielten die Anschläge diesmal doch auf Orte, an denen sich viele Menschen ganz unterschiedlicher Herkunft trafen: ein Fußballstadion (*Stade de France*), mehrere Cafés und Restaurants, einen Konzertsaal (das *Bataclan*). Insgesamt starben an diesem 13. November 130 Menschen, viele weitere wurden verletzt. Und es hätte noch viel schlimmer kommen können!

Mit den Anschlägen von 2015 wird die Bekämpfung des islamistischen Terrors zu einer zentralen Mission des französischen Staats. Der damalige Premierminister Manuel Valls hat anfangs sehr explizit von einer von außen nach Frankreich getragenen Bedrohung gesprochen, der es durch die militärische Niederwerfung des „Islamischen Staats" im Vorderen und Mittleren Osten zu begegnen gälte. Anderen, wie dem damaligen Innenminister Bernard Cazeneuve, war von Anfang an klar, dass ein Teil des Problems auch in Frankreich selbst lag und der Staat z. B. entschlossen gegen salafistische Gebetshäuser und Moscheen vorgehen müsse. Der unmittelbar nach dem 13. November ausgerufene Ausnahmezustand gab ihm dann auch einen außergewöhnlichen Handlungsspielraum. Dieser Ausnahmezustand wurde in der Folgezeit mehrfach verlängert und erst unter Präsident Macron formell aufgehoben, nachdem eine Reihe von Gesetzesverschärfungen viele der Bestimmungen des Ausnahmezustandes in den ordentlichen Rechtsrahmen aufgenommen hatte. Er basierte auf Bestimmungen, die noch in der Vierten Republik im Zuge des Algerienkriegs geschaffen worden waren – auch das eine bemerkenswerte Pointe der Geschichte.

In dem Kampf gegen den islamistischen Terror kamen jedenfalls Fragen der inneren und äußeren Sicherheit unmittelbar zusammen und werden seitdem verstärkt zusammen angegangen. Die unterschiedlichen Inlands- und Auslandsgeheimdienste wurden dabei ebenso in die Pflicht genommen (und zur Zusammenarbeit aufgerufen) wie das Militär und die französische Diplomatie. Zentrale Aufgabe der französischen Außen- und Sicherheitspolitik ist es – bis heute unter Präsident Macron –, islamistische Anschläge in Frankreich zu verhindern und terroristische Gruppen insbesondere im Nahen und Mittleren Osten, aber auch in Subsahara-Afrika zu bekämpfen. Nur vor diesem Hintergrund sind auch die Äußerungen von Präsident Macron im Herbst 2019 zur NATO zu verstehen. Dabei ist er sicherlich rhetorisch über das Ziel hinausgeschossen, aber die hauptsächliche Bedrohung, die eben auch als innere empfunden wird, ist und bleibt für Frankreich der islamistische Terror und nicht Russland. Im Gegenteil, man sieht Russland gerade im Nahen und Mittleren Osten als einen Partner im Kampf gegen den Terror an. Ein zugegeben nicht immer einfacher, aber in den Augen der französischen Diplomatie unumgänglicher Partner. Dazu kommt, bei aller militärischen Abhängigkeit, Enttäuschung über das amerikanische Verhalten insbesondere im Syrienkrieg schon unter Präsident Obama und erst recht unter Präsident Trump.

Nach 2015 hat das Bedrohungsgefühl in Frankreich auch deswegen nicht abgenommen, weil es in den folgenden Jahren immer wieder zu Anschlägen gekommen ist. Besonders schrecklich war der Anschlag am 14. Juli 2016 – dem französischen Nationalfeiertag – in Nizza. Ein Mann raste mit einem LKW in eine Menschenmenge auf der belebten Strandpromenade und tötete 86 Menschen. Mindestens 400 weitere wurden verletzt. Im gleichen Monat, am 26. Juli 2016, wurde in der Nähe von Rouen ein katholischer Pfarrer in seiner Kirche vor dem Altar erschossen. Seit 2016 gab es ferner eine Vielzahl von einzelnen Angriffen auf Polizisten und Sicherheitskräfte in Paris und anderswo im Land. Viele endeten tödlich. In jüngster Zeit wurden viele dieser Angriffe mit einfachen Waffen, oft Messern, durchgeführt. Sie erreichen damit nicht mehr die gleiche verheerende Wirkung wie die großen, von langer Hand geplanten Anschläge des Jahrs 2015, zeigen aber, dass die terroristische Gefahr noch längst nicht gebannt ist und dass inzwischen vor allem die Sicherheitskräfte im Visier der Attentäter sind. Ein letzter Messerangriff dieser Art erfolgte am 3. Oktober 2019 in Paris im Inneren der Pariser Polizeipräfektur, der Schaltzentrale der Pariser Polizei.

Über die Gründe, die zur islamistischen Radikalisierung in Frankreich geführt haben, hat es dort eine lebhafte politische und wissenschaftliche Debatte gegeben. Unterschiedliche Studien nahmen sich dabei insbesondere die Menschen vor, die sich ab 2012 dem „Islamischen Staat“ angeschlossen haben und zu einem guten Teil auch in das syrisch-irakische Kampfgebiet gegangen sind. Das sind zwar nicht unbedingt diejenigen, die in Frankreich Anschläge verüben, aber es gibt doch signifikante Überschneidungen. Im Folgenden werden zunächst einige Studien betrachtet, die sich mit der Gruppe derer befassen, die sich dem „Islamischen Staat“ in Syrien/Irak anschlossen; danach werden einige Untersuchungsergebnisse zu den Tätern dargestellt, die ab 2012 in Frankreich und Belgien Anschläge verübten.

Bei den Untersuchungen zur ersten Gruppe kann man grob zwei Erklärungsansätze unterscheiden.

Der erste wird etwa von Olivier Roy vertreten.[41] Er sieht den wesentlichen Grund für die Radikalisierung in der individuellen Situation der Betroffenen. Aus schwierigen Familienverhältnissen stammend, in sozial benachteiligten Vierteln lebend, hätten sie im Kampf für den Islam vor allem eine Aufgabe und Anerkennung in einer Gruppe gefunden, die ihnen ansonsten im täglichen Leben in Frankreich verwehrt worden seien. Eine wirklich tiefe Identifikation mit dem islamischen Glauben sieht Roy bei ihnen nicht. Der Islam sei mehr das Vehikel, um Aufgabe und Anerkennung zu finden.

Die entgegengesetzte These vertritt Gilles Kepel.[42] Er sieht in der vom Staat geduldeten Ausbreitung des radikalen Salafismus die Hauptursache für die Radikalisierung. Der Salafismus findet dabei nach seiner Meinung überall dort einen besonders fruchtbaren Boden für seine Rekrutierung, wo der Staat versagt, z. B. in der schulischen Ausbildung in den Problemvierteln oder in den Gefängnissen, die sich als gefährliche Brandbeschleuniger erwiesen hätten.

In der Wirklichkeit kamen wahrscheinlich diese unterschiedlichen Aspekte bei verschiedenen Tätern in unterschiedlichem Maße zum Tragen. Dass man bei aller Individualität der einzelnen Biographien doch Gemeinsamkeiten feststellen kann, wird bei der Lektüre der Analysen des Journalisten David Thomson deutlich, der mit vielen französischen Jihadisten Interviews geführt hat. Er kommt zu

41 *La Peur de l'Islam*, Paris 2015
42 *Terreur dans l'Hexagone. Genès du Djihad Français*, mit Antoine Jardin, Paris 2015

den folgenden Erkenntnissen: Die meisten der späteren Jihadisten sind in schwierigen Verhältnissen und in Problemvierteln aufgewachsen. Die meisten Rekrutierungen erfolgten in dem besonders problematischen *Département Seine-Saint-Denis* im Norden von Paris. Ungefähr 70 % hatten einen Migrationshintergrund entweder in Nord- oder Subsahara-Afrika. Die verbleibenden 30 % waren Konvertiten, die oft aus den gleichen benachteiligten Vierteln stammten und zu über 50 % einer Minderheit angehörten. Alle, mit denen er gesprochen habe, so Thomson, hätten ein Gefühl der Enttäuschung und Erniedrigung in Frankreich zum Ausdruck gebracht.

Eine Studie des CESDIP (*Centre de Recherche sociologique sur le droit et les institutions pénales*) von August 2017 trägt noch die folgenden Elemente zur Analyse bei: Die französischen Jihadisten hatten zwar oft, aber nicht unbedingt eine kriminelle Vorgeschichte. Sie wuchsen oft in dysfunktionalen Familien auf (z. B. ohne oder mit sehr autoritärem Vater). Und die Radikalisierung erfasst häufig mehrere Mitglieder einer Familie. Die meisten hatten gewisse Grundkenntnisse im Islam („*pas inculte*"). Und für die meisten stellte die Radikalisierung einen Weg dar, um in einer Gruppe Anerkennung zu finden; schon das sei für viele eine Art Erlösung gewesen.

Wendet man sich nun ausgehend von öffentlich verfügbaren Quellen wie insbesondere den schon genannten Studien den Tätern zu, die in den Jahren 2012 bis 2016 in Frankreich und Belgien Anschläge verübten, so kommt man zu einem Bild, das es ebenfalls nicht erlaubt, ein einheitliches Profil von islamistischen Attentätern zu erstellen; auch hier werden Gemeinsamkeiten ebenso wie Unterschiede sichtbar. So zeigt sich, dass die meisten Attentäter Einwanderer der zweiten Generation waren. Sie stammten aus eher schwierigen Familienverhältnissen und hatten Probleme, sich in den Arbeitsmarkt zu integrieren. Fast alle waren der Polizei aufgrund von kleinkriminellen Aktivitäten bekannt. Der wichtigste Unterschied zwischen den verschiedenen Fällen besteht in der Ausprägung des Kontakts zu terroristischen Vereinigungen.

Grob kann hier zwischen Tätern, deren Anschläge Teil einer organisierten Kommandoaktion (wie im November 2015) waren, und Einzeltätern unterschieden werden. Während sich die erstgenannten vorher in Syrien aufgehalten hatten und vom „Islamischen Staat" beauftragt wurden, haben sich letztere vielfach selbst radikalisiert und kaum oder gar keinen Kontakt zu terroristischen Gruppen gehabt. Viele der Einzeltäter waren schlecht vorbereitet und einige Taten konnten daher verhindert werden bzw. haben verhältnismäßig wenig Schaden angerichtet. Der Anschlag von Nizza verdeutlicht aber auch, dass es nicht unbedingt einer groß angelegten Kommandoaktion bedarf, um eine furchtbare Wirkung zu entfalten. Allerdings haben auch die Einzeltäter immer aus einem Umfeld heraus gehandelt, das sie zumindest hat gewähren lassen, oft aber auch durch seine Unterstützung die Tat erst ermöglicht hat.

Aufgrund der Verbindungen zu Frankreich werden auch die Anschläge auf das jüdische Museum von Brüssel im Jahr 2014 sowie auf die Metro und den Flughafen in Brüssel im März 2016 miteinbezogen. Es handelt sich um insgesamt 29 Täter, über deren Hintergründe unterschiedlich dichte Informationen vorliegen.

Staatsangehörigkeit: Unter den Tätern dominierten eindeutig im Land geborene französische bzw. belgische Staatsangehörige der zweiten Einwanderergeneration. Von den insgesamt 29 Tätern waren zwanzig Franzosen, vier Belgier, zwei Tunesier, zwei Marokkaner und einer Algerier. Von den Franzosen hatten zwölf mindestens einen Elternteil algerischer und/oder marokkanischer Herkunft und zwei hatten Eltern aus Mali. Bei sechs von ihnen ist der Migrationshintergrund unbekannt. Die vier belgischen Täter waren alle marokkanischer Herkunft. Es scheint kein Konvertit unter den Attentätern gewesen zu sein. Nur zwei der Attentäter waren als vermeintliche Flüchtlinge nach Frankreich gekommen.

Soziale Herkunft und Alter bei der Tat: Die Attentäter haben kein einheitliches sozio-ökonomisches Profil. Was zu ihren Lebensläufen bekannt ist, zeigt in den meisten Fällen eine sehr unstete, von Abbrüchen und Umzügen geprägte Ausbildungsphase und Berufstätigkeit. Sie wohnten zum größten Teil in sozial schwierigeren Stadtvierteln in den Vororten um Paris oder in Brüssel (Molenbeek), aber nicht alle in Großstädten. Ihre familiäre Situation war häufig geprägt von einer Trennung der Eltern. Soweit bekannt, hatte keiner von ihnen ein abgeschlossenes Studium; zwei hatten ein Studium der Informatik bzw.

Rechtswissenschaften vorzeitig abgebrochen. Die wenigsten gingen einer regelmäßigen Beschäftigung nach. Alle Täter waren deutlich unter 40 Jahre alt. Zwanzig waren zwischen 20 und 30 Jahre alt, drei unter 20 und nur sechs über 30.

Kriminalität und Radikalisierung: Polizeibekannt waren 23 der 29 Personen, oftmals wegen Kleinkriminalität, insbesondere Drogenhandel. Sieben von ihnen waren längere Zeit im Gefängnis gewesen. Fünfzehn wurden von den französischen Nachrichtendiensten als terrorverdächtig geführt („*Fiche S*"). Sechs wurden von Interpol gesucht.

Der Radikalisierungsprozess verlief bei den Tätern unterschiedlich schnell. Die Spanne reicht von mehreren Jahren bis zu wenigen Monaten. Acht der Täter sollen sich durch den Einfluss streng salafistischer Prediger oder in Moscheen radikalisiert haben. Drei haben sich allein ohne einen solchen Kontakt – auch nicht zu terroristischen Gruppierungen – zu Attentätern entwickelt. Im Gefängnis radikalisierten sich vier. Nur zwei der Täter waren vor ihrer Radikalisierung als gläubig bezeichnet worden.

Kontakt zu terroristischen Vereinigungen: Die Attentäter lassen sich hinsichtlich ihrer Kontakte zu terroristischen Vereinigungen grob in zwei Kategorien aufteilen. Zum einen gab es die Täter vom Januar und November 2015 in Paris und März 2016 in Brüssel. Diese hatten eine klare Verbindung zum „Islamischen Staat" bzw. zu Al-Qaida auf der Arabischen Halbinsel. Die Attentäter haben sich vor der Tat in Syrien/Irak bzw. im Jemen aufgehalten, sind dort ausgebildet und beauftragt worden. Zum anderen gab es die Einzeltäter, deren Verbindungen zu einer Terrorgruppe deutlich geringer ausgeprägt bzw. nicht vorhanden waren. Auch diese aber lebten, wie der Täter von Toulouse, in einem Umfeld, das für ihre Radikalisierung von Bedeutung war: Einzeltäter zwar, aber nicht isoliert. Oftmals folgte auch in diesen Fällen nachträglich ein Bekenntnis vonseiten des „Islamischen Staats", ohne dass klar wurde, ob es tatsächlich einen vorherigen Kontakt gegeben hatte.

Insgesamt hatten sich elf der Täter vor den Attentaten im Ausland aufgehalten, davon neun in Syrien/Irak, einer in Afghanistan und Pakistan und einer im Jemen. Acht weitere wollten vermutlich nach Syrien reisen, wurden aber bereits in der Türkei oder vorher gestoppt. Als vermeintliche Flüchtlinge sind zwei Attentäter nach Frankreich gekommen. Bei zehn Personen ist über einen Auslandsaufenthalt nichts bekannt.

Diese unterschiedlichen Thesen und Analysen zu den französischen Jihadisten einerseits und zu den Attentätern in Frankreich und Belgien andererseits zeichnen zwar ein vielfältiges Bild, belegen aber jedenfalls, dass bei allen Unterschieden viele Gründe für die Radikalisierung in Frankreich selbst lagen und der islamistische Terror also nicht ausschließlich von außen importiert worden ist – wobei die Aufenthalte in den Kampfgebieten in Syrien und im Irak sicher zu einer weiteren Radikalisierung und auch Verrohung geführt haben. Insofern wird zu einer Bekämpfung des islamistischen Terrorismus in Frankreich neben der Antwort der Sicherheitskräfte auch eine gesellschaftliche und soziale Antwort erforderlich sein. Und dazu wird auch gehören müssen, die Lage der Problemviertel und den Platz des friedlichen Islams in der französischen Gesellschaft in den Blick zu nehmen.

Emmanuel Macron hat von Anfang an zu denen gehört, die die innerfranzösischen Wurzeln des islamistischen Terrors in Frankreich anerkannt haben. Er hat auch verstanden, dass ohne ein befriedetes, positives Verhältnis zu der friedlichen Mehrheit der muslimischen Bevölkerung und ohne eine wirtschaftliche und soziale Entwicklung der Problemviertel die islamistische Radikalisierung trotz aller Anstrengungen der Sicherheitskräfte nicht dauerhaft in die Schranken gewiesen werden kann.

Zu Beginn seiner Präsidentschaft hat er einige Zeit und Kraft der Frage gewidmet, ob dafür das Gesetz zur Laizität von 1905 einer Modernisierung bedürfe. Angesichts vieler Widerstände hat er davon schließlich Abstand genommen und seine Sicht der Dinge mit Blick auf den Islam in einer Rede in Mulhouse Anfang 2020 dargelegt.

Die Regierung Philippe hat gleichzeitig, ebenfalls nach längeren Vorarbeiten, einen neuen Anlauf unternommen, die Situation in den Problemvierteln und insbesondere im *Département Seine-Saint-Denis* zu verbessern.

Im Mai 2018 hatten die Abgeordneten François Cornut-Gentille (LR) und Rodrigue Kokouendo (LREM) einen alarmierenden Bericht vorgelegt. Darin hatten sie die schwache öffentliche Verwaltung als Hauptproblem identifiziert – eine Feststellung, die man bei einem auch nur oberflächlichen Besuch in diesen Vierteln schnell selbst machen kann. Polizeistationen stehen leer, Bürgermeister klagen über mangelnde Ausstattung und Anerkennung, Sozialverbände berichten von der sozialen Notlage und die Vertreter des staatlichen Bildungswesens ebenso wie die Polizisten drängen auf eine schnellstmögliche Versetzung in andere Viertel oder andere Landesteile.

Will man die Lage dieser Problemviertel kurz einordnen, sollte man vielleicht die folgenden Fakten im Kopf haben:

Offiziell zählt die Regierung etwa 1.500 prioritäre Brennpunktviertel (*quartiers de la politique de la ville*, QPV), in denen insgesamt mehr als 5 Millionen Menschen leben. Sie leiden weiter unter den Nachwehen der Stadtentwicklungspolitik der 1960er/70er-Jahre, mit der Enklaven geschaffen wurden, in denen viele soziale Indikatoren auf Rot stehen (Armut, Arbeitslosigkeit, niedriger Bildungsstand, etc.). Der schwierige Zustand vieler Schulen in diesen Vierteln war Anfang Oktober 2019 durch den Selbstmord einer Grundschuldirektorin in Pantin/*Seine-Saint-Denis* kurzzeitig in den Mittelpunkt der Aufmerksamkeit gerückt.

Hinzu kommt das heutige Kernproblem vieler dieser Viertel: die Schattenwirtschaft der Drogen. Angetrieben u. a. von einem seit den 1990er-Jahren stark gestiegenen Cannabis-Konsum, werden ganze Viertel von Dealern dominiert, einhergehend mit einem starken Zuwachs von Begleitkriminalität und immer wieder heftigen Zusammenstößen mit der Polizei. Experten schätzen, dass das „*business du shit*" in Frankreich nicht weniger als 200.000 Menschen, v. a. Jugendliche, „beschäftigt".

Auch haben die mehrheitlich von Migration geprägten *Banlieues* weiterhin keine politische Heimat, keine politische Stimme. Waren sie einst von den französischen Kommunisten dominiert, zeigten die letzten Präsidentschafts- und Europawahlen 2017 und 2019 ein differenzierteres Bild, mit leichtem Vorteil für Macrons *La République en Marche* sowie Mélenchons *La France Insoumise*, die z. B. in Teilen von *Seine-Saint-Denis* eine Hochburg hat. 2012 stimmten noch viele für François Hollande. Dabei stimmt das oft bemühte Bild von einer politischen Entkopplung der *Banlieues* nur teilweise. Die Wahlbeteiligung war 2017 zumindest nicht dramatisch geringer als im nationalen Schnitt – sieht man von einzelnen Vierteln ab. Politikverdruss und Skepsis gegenüber dem Staat sind dort allerdings Realität. Ihre Ursache dürfte auch in fehlenden politischen Vorbildern liegen. So zählt z. B. das Kabinett Philippe keinen einzigen Minister mit entsprechender Herkunft. In der gesamten Amtszeit von Präsident Hollande hatten nur drei Ministerinnen einen (marokkanischen) Migrationshintergrund.

In diesem Kontext stellte Premierminister Philippe am 31. Oktober 2019 in Bobigny, dem Sitz der Präfektur des *Départements Seine-Saint-Denis*, einen Zehnjahresplan mit 23 Punkten vor, mit dem die „Stellung staatlicher Autorität" im *Département* gestärkt werden soll. Die z. T. recht kleinteiligen Maßnahmen teilen sich auf fünf Ziele auf:

- *den öffentlichen Dienst im Département attraktiver machen*, u. a. durch eine „Treueprämie" für Beamte (10.000 Euro, Gesamtvolumen: 35 Mio. Euro/Jahr), die länger als fünf Jahre dort bleiben, eine Besoldungserhöhung und erleichterten Zugang zu Wohngeld/Sozialwohnungen für Beamte
- *die öffentliche Sicherheit verbessern*, u. a. durch insgesamt 150 neue Stellen für die Polizei bis Mitte 2021, Ausbau der Videoüberwachung und 30 Millionen Euro für die Sanierung zweier Polizeiwachen
- *das Schulwesen stärken*, u. a. durch 500 studienbegleitende Assistenzlehrer-Stellen über die nächsten 3 Jahre, 20 Millionen Euro für Schulsanierungen und Anwerbeprogramme für Absolventen der französischen Eliteschulen
- *die Gesundheitsversorgung ausbauen*, u. a. durch zusätzliche 10 Millionen Euro und umfangreiche Modernisierungsmaßnahmen (ohne Angabe konkreter Mittel), 5 zusätzliche Stellen beim Ordnungsamt (Maßnahme gegen heruntergekommene Wohnhäuser) sowie die Übernahme von Investitionskosten bei der Ansiedlung von Arztpraxen
- *effizientere Justiz*, u. a. durch 35 zusätzliche Urkundsbeamte, den Erhalt von 12 bereits zuvor geschaffen zusätzlichen Richterstellen sowie die Erweiterung des *Tribunal de Grande Instance* (Bezirksgericht) in Bobigny bis 2026

In Presse und Lokalpolitik wurden die Ankündigungen verhalten aufgenommen. Der Präsident des *Départements* würdigte sie als erste Schritte und rechnete Phillipe an, dass „der französische Staat endlich mal sein Scheitern“ eingestehe. Auch sei der Besuch im *Département Seine-Saint-Denis* an sich bereits ein wichtiges Signal. Trotzdem sei „das Glas zu zwei Dritteln leer“, v. a. im Bildungsbereich.

Hoffnung verbindet sich auch mit dem Ausbau des Pariser Nahverkehrs („*Grand Paris Express*“), mit dem die Stadt ihr Metronetz gemessen an Schienenkilometern verdoppeln und eine Ringbahn bekommen soll (Volumen: 35 Mrd. Euro, geplante Fertigstellung 2030). Damit soll endlich Abhilfe für die Enklaven-Lage der *Banlieues* durch eine effizientere Anbindung geschaffen werden. Ein Drittel der geplanten neuen Bahnhöfe liegt im *Département Seine-Saint-Denis*.

Inwieweit diese Schritte zur Verbesserung des öffentlichen Dienstes und des öffentlichen Nahverkehrs ausreichen werden, um die Lage in den Problemvierteln nachhaltig zu verbessern, bleibt abzuwarten. Über Nacht wird es ohnehin nicht zu schaffen sein. Der Staat wird hier einen langen Atem brauchen und ein Konzept auch einmal über einen längeren Zeitraum konsequent umsetzen müssen.

Einstweilen aber trifft die Corona-Pandemie diese Viertel besonders hart. Nicht nur, dass es in dem *Département Seine-Saint-Denis* mit die meisten Corona-Toten in ganz Frankreich gibt, auch die wirtschaftlichen und sozialen Folgen werden hier besonders hart sein. Schon nach einem Monat Ausgangssperre hatte sich die Anzahl der Personen, die auf Lebensmittelhilfe angewiesen sind, mehr als verdoppelt. Und in einer von viel Schattenarbeit gekennzeichneten Wirtschaft kommen die staatlichen Unterstützungen für Unternehmer und Arbeitnehmer auch nicht an.

Und die Pläne für das *Département Seine-Saint-Denis* dürfen nicht vergessen lassen, dass es auch noch in vielen anderen Großstädten Frankreichs problematische Viertel oder Vorstädte gibt. Die Liste ist lang und reicht von Marseille ganz im Süden über Toulouse, Lyon, Grenoble, Mulhouse und Straßburg bis nach Lille im äußersten Norden.

UND ZUM SCHLUSS:
Frankreich und die Corona-Pandemie 2020

Wie in vielen anderen Ländern rund um den Globus hat der Ausbruch der Corona-Pandemie in Frankreich Mitte März 2020 zu einer weitgehenden Ausgangssperre geführt. Das öffentliche und wirtschaftliche Leben kam weitgehend zum Stillstand und die Nation schaute gespannt auf die Ausbreitung der Pandemie und die bis an die Grenze ihrer Kapazitäten ausgelasteten Krankenhäuser. Erst ab Mitte Mai wurde das öffentliche Leben schrittweise wieder hochgefahren.

Die Corona-Pandemie traf Frankreich genauso überraschend wie alle anderen Länder. Noch im Februar waren die massiven Einschränkungen, die nur wenige Wochen später verhängt wurden, unvorstellbar gewesen. Die politische und öffentliche Debatte wandte sich allerdings schnell der Frage zu, ob Frankreich auf eine solche Krise gut genug vorbereitet gewesen sei. *Le Monde* ist in einer fünfteiligen Artikelserie im Mai 2020 dieser Frage nachgegangen und dabei zu keinem sehr schmeichelhaften Ergebnis gekommen. Am Beispiel des strategischen Vorrats von Schutzmasken zeichnen die Autoren nach, wie ein noch 2010/2011 vorhandener großer Vorrat über die Jahre bis Anfang 2020 abgeschmolzen ist. Zu dieser und anderen Fragen des Vorbereitungsstands wie etwa der Verfügbarkeit von Tests, aber auch über das Krisenmanagement selbst wird es noch hitzige politische Debatten geben. Und welche politischen, wirtschaftlichen und sozialen Folgen die Krise insgesamt zeitigen wird, steht heute noch in den Sternen.

Dennoch war die Beobachtung der Entwicklung in Frankreich sehr aufschlussreich. In solchen Situationen wird alles grell ausgeleuchtet, die Stärken und Schwächen eines Gemeinwesens werden sichtbar. In Krisen können die hauptverantwortlichen Akteure sich nicht verstecken. Bei der Betrachtung der Entwicklung der Krise in Frankreich und ihrer Bekämpfung kam vieles zutage, was schon in den zurückliegenden Kapiteln zur Sprache kam:

- die starke Stellung und Rolle der Präsidenten der Republik
- die letztlich geringe Eigenständigkeit der regionalen und territorialen Akteure

- die Berührungsängste zwischen dem öffentlichen und dem privaten Sektor auch im Bereich des Gesundheitswesens
- die beeindruckende Forschungs- und Wissenschaftslandschaft
- die schwache industrielle Basis

All diese Fragen werden bei der Aufarbeitung der Krise sicherlich zur Sprache kommen. Was aber noch einmal besonders hervortrat, war der Vergleich mit und das Verhältnis zu Deutschland. Darauf sei abschließend kurz eingegangen.

Beide Länder haben zunächst parallel und wenig abgestimmt auf die Pandemiebekämpfung umgeschaltet. Nationale Reflexe waren auf beiden Seiten zunächst wesentlich stärker als europäische oder deutsch-französische. Die Auswirkungen nationaler Entscheidungen auf den Nachbarn wurden zunächst zu wenig mitbedacht. Auf beiden Seiten. Beispiele dafür sind die unerwartete Ankündigung der Schließung der Schulen in Frankreich an einem Donnerstagabend, die in Deutschland über die nächsten Tage zu einem Dominoeffekt der von den Bundesländern angekündigten Schulschließungen führte, sowie die einseitige Einstufung der französischen Grenzregion *Grand Est* als Risikogebiet durch das deutsche Robert-Koch-Institut mit anschließender Grenzschließung durch Deutschland nur einen Tag vor der Verhängung einer strengen Ausgangssperre in Frankreich, die die – von Frankreich unmittelbar nachvollzogene – Grenzschließung in ein ganz anderes Licht rückte. Ab dem Moment, wo die Franzosen das Haus nur noch unter strengen Ausnahmebedingungen verlassen durften, war mit einem „Ansturm" auf die deutschen Grenzen nicht mehr zu rechnen. Aber es war zu spät. Auch die wenige Tage vorher erfolgte plötzliche Schließung der Restaurants und Lokale auf französischer Seite an einem Samstagabend hatte am folgenden Tag zu Ausweichbewegungen nach Deutschland geführt, die von der Pariser Regierung sicher nicht beabsichtigt waren, aber die deutsche Seite vor erhebliche Probleme stellten.

Schließlich kam es vonseiten Frankreichs zu Einschränkungen der Freiheit des Güterverkehrs mit z. B. medizinischer Schutzausrüstung und pharmazeutischen Produkten im europäischen Binnenmarkt, die über einen langen Zeitraum aufrechterhalten blieben. Auch im Dienstleistungssektor kam es zu Einreisebeschränkungen, die im europäischen Binnenmarkt eigentlich keinen Platz haben sollten.

Diese unabgestimmten Maßnahmen mit ihren nicht bedachten Auswirkungen auf das jeweilige Nachbarland haben vor allem die Menschen in der Grenzregion hart getroffen. Bei meinem Dienstantritt in Paris im Sommer 2015 hatte ich mir nicht vorstellen können, dass praktisch über Nacht Grenzfragen wieder ein zentrales Thema in den deutsch-französischen Beziehungen werden könnten.

Zum Glück haben die Verantwortlichen auf beiden Seiten schnell erfasst, dass diese unabgestimmte Parallelität nur eine kurzfristige Ausnahmeerscheinung sein durfte. Erst ab Mitte März ist es zu einem vertieften Austausch und zusehends auch zu einem abgestimmten Vorgehen gekommen. (Mitte Juni führte das zur endgültigen Aufhebung der Einreisebeschränkungen und Grenzkontrollen.) Auch praktische Solidarität hat den Beziehungen über die Grenze hinweg gutgetan, vor allem die Bereitschaft der deutschen Bundesländer, französische Covid-19-Patienten aus dem Grenzgebiet in deutschen Krankenhäusern zur Behandlung aufzunehmen.

Daneben haben intensive Gespräche zwischen der Bundeskanzlerin und Präsident Macron dazu geführt, dass beide gemeinsam am 18. Mai einen ambitionierten deutschen-französischen Plan für einen Wiederaufbaufonds für Europa vorgelegt haben. Obwohl vorher schon wichtige und umfangreiche Maßnahmen auf europäischer Ebene unter aktiver Beteiligung beider Regierungen vereinbart worden waren, kam diesem Vorschlag für einen Wiederaufbaufonds eine erhebliche politische Signalwirkung sowohl für die deutsch-französischen Beziehungen wie für die anderen europäischen Partner zu. Deutschland zeigte sich solidarisch. Viele in Frankreich rieben sich die Augen. Damit hatten sie nicht gerechnet. Und das deutsch-französische Paar hatte erneut bewiesen, dass in der Krise auf es Verlass ist. Natürlich folgen jetzt noch aufreibende und schwierige Verhandlungen. Aber der entscheidende politische Impuls ist gesetzt.

Daneben wurde die Art und Weise, wie Deutschland mit der Pandemiebekämpfung umging, in Frankeich außerordentlich aufmerksam verfolgt, zu einem guten Teil auch bewundert. Deutschland war wieder einmal der Spiegel, vor dem die innerfranzösischen Debatten geführt wurden. Was viele in Frankreich schmerzte, war, dass Deutschland bei einem vergleichbaren Mitteleinsatz über ein offensichtlich leistungsfähigeres Gesundheitswesen verfügte. Es lag also nicht nur am Geld!

Ich bin gespannt, ob über eine erste politische und journalistische Betrachtung hinaus eine grundsätzlichere Analyse der Stärken und Schwächen im Krisenmanagement der beiden Länder zu einer tatsächlichen Verbesserung der beiden Gesundheitssysteme beitragen wird.

Der schon an anderer Stelle behandelte Topos der befürchteten wirtschaftlichen Abhängung (*decouplage*) Frankreichs kam in der Krise auch schnell und zuverlässig wieder zum Vorschein. Die Debatte ist aus meiner Sicht völlig überzogen und geht letztlich an der Bedeutung der deutsch-französischen Beziehung, wie sie auf deutscher Seite gesehen wird, völlig vorbei. Die Bedeutung der Zusammenarbeit zwischen den beiden Ländern im Herzen Europas wird am Ende nicht an einem wirtschaftlichen Abstand von einigen Punkten mehr oder weniger beim Bruttoinlandsprodukt hängen. Hier kann man Frankreich nur weniger Selbstzweifel und etwas mehr Zukunftsvertrauen wünschen.

Alles in allem wird, bei allen politischen, wirtschaftlichen und sozialen Folgen, auch die Corona-Pandemie Frankreich nicht grundlegend verändern. Die auf diesen Seiten erörterten grundlegenden Züge Frankreichs werden auch die kommenden Jahre mitbestimmen. Frankreich wird sich nicht über Nacht ändern, ebenso wenig wie Deutschland.

Frankreich wird also Frankreich bleiben und wir Deutsche müssen uns mit offenem Herzen und klarem Verstand immer wieder auf es einlassen. Zum Schluss ein netter Merkspruch:

Wer Frankreich verstehen will, muss es lieben.
Wer Deutschland lieben will, muss es verstehen.
Oder vielleicht doch andersherum?

KARTE I:
Die Einteilung Frankreichs in Provinzen am Ende des *Ancien Régime*

1 Bretagne
2 Normandie
3 Picardie
4 Isle de France
5 Champagne
6 L'oraine
7 Alsace
8 Maine
9 Perche
10 Chartrain
11 Beauce
12 Vendome
13 Dunois
14 Orleanois
15 Gatinois
16 Nivernois
17 Bourgogne
18 Franche-Comté
19 Aniou
20 Touraine
21 Berry
22 Bourbonois
23 Beaujolois
24 Lyonois
25 Forest
26 Poitou
27 Angoumois
28 Marche und Auvergne
29 Languedoc
30 Comtat
31 Provence
32 Guyenne
33 Rousillon

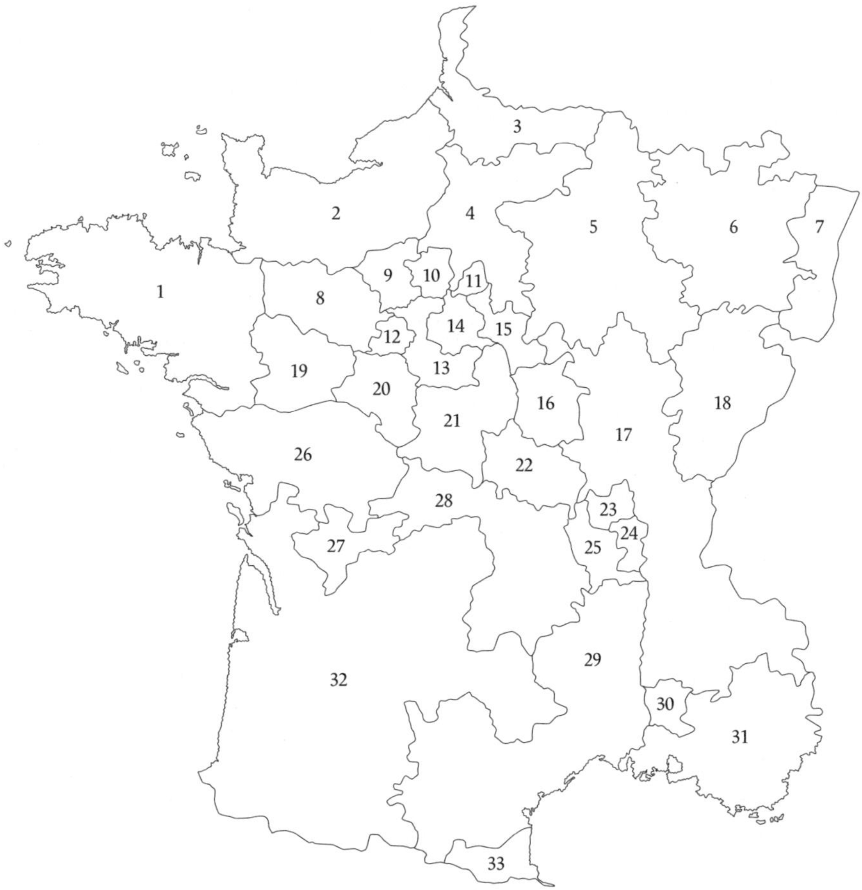

KARTE II:
Die Einteilung Frankreichs in *Départements* unter Napoleon

1 Finistère
2 Côtes-d'Armor
3 Morbihan
4 Ille-et-Vilaine
5 Manche
6 Calvados
7 Orne
8 Mayenne
9 Sarthe
10 Eure-et-Loir
11 Eure
12 Seine-Maritime
13 Pas-de-Calais
14 Nord
15 Somme
16 Oise
17 Val-d'Oise
18 Yvellines
19 Essonne
20 Seine-et-Marne
21 Aisne
22 Ardennes
23 Marne
24 Meuse
25 Meurthe-et-Moselle
26 Moselle
27 Bas-Rhin
28 Loire-Atlantique
29 Maine-et-Loire
30 Indre-et-Loire
31 Loire-et-Cher
32 Loiret
33 Yonne
34 Aube
35 Haute-Marne
36 Vosges
37 Haut-Rhin
38 Territoire de Belfort
39 Vendée
40 Deux-Sèvres
41 Vienne
42 Indre

→

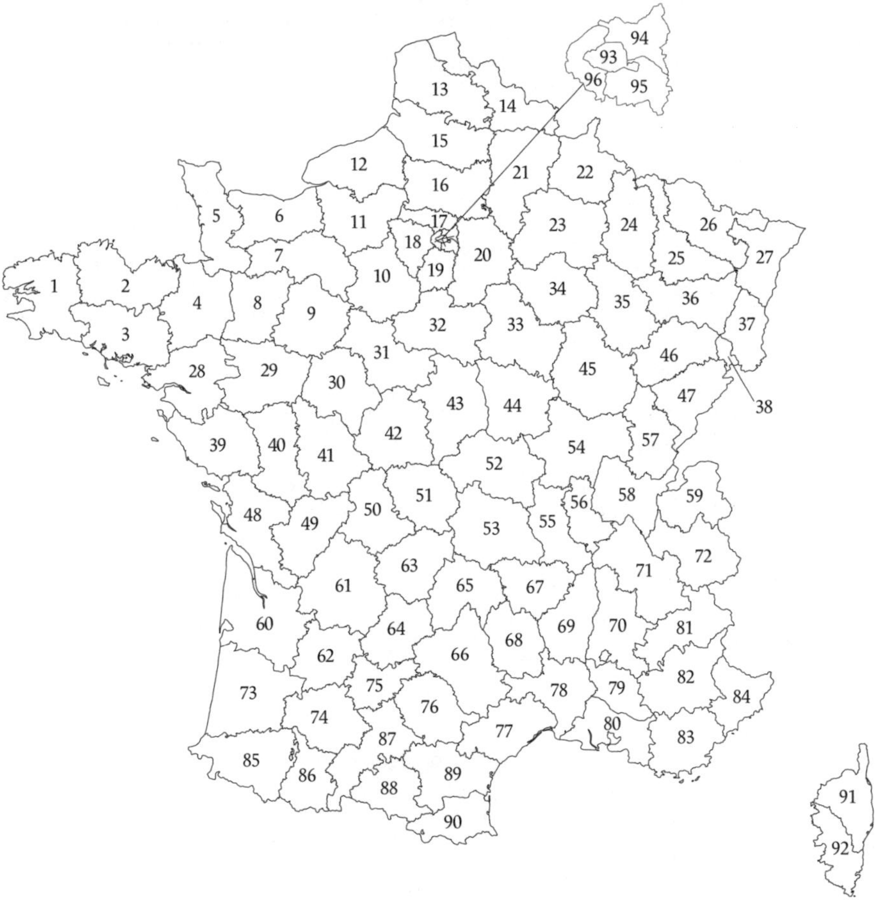

43 Cher
44 Nièvre
45 Côte-d'Or
46 Haute-Saône
47 Doubs
48 Charente-Maritime
49 Charente
50 Haute-Vienne
51 Creuse
52 Allier
53 Puy-de-Dôme
54 Saône-et-Loire
55 Loire
56 Rhône
57 Jura
58 Ain
59 Haute-Savoie
60 Gironde
61 Dordogne
62 Lot-et-Garonne
63 Corrèze
64 Lot
65 Cantal
66 Aveyron
67 Haute-Loire
68 Lozère
69 Ardeche
70 Drôme
71 Isère
72 Savoie
73 Landes
74 Gers
75 Tarn-et-Garonne
76 Tarn
77 Hérault
78 Gard
79 Vaucluse
80 Bouches-du-Rhône
81 Hautes-Alpes
82 Alpes-de-Haute-Provence
83 Var
84 Alpes-Maritimes
85 Pyrénées-Atlantiques
86 Hautes-Pyrénées
87 Haute-Garonne
88 Ariège
89 Aude
90 Pyrénées-Orientales
91 Haute-Corse
92 Corse-du-Sud
93 Paris
94 Seine-Saint-Denis
95 Val-de-Marne
96 Hauts-de-Seine

KARTE III:
Die heutige Einteilung Frankreichs in Regionen nach der Regionalreform von François Hollande, die 2015 in Kraft getreten ist.

1 Bretagne
2 Normandie
3 Hauts-de-France
4 Île-de-France
5 Grand Est
6 Pays de la Loire
7 Centre-Val de Loire
8 Bourgogne-Franche-Comté
9 Nouvelle-Aquitaine
10 Auvergne-Rhône-Alpes
11 Okzitanien
12 Provence-Alpes-Côte d'Azur
13 Korsika
14 Französisch-Guayana
15 Guadeloupe
16 Réunion
17 Martinique
18 Mayotte

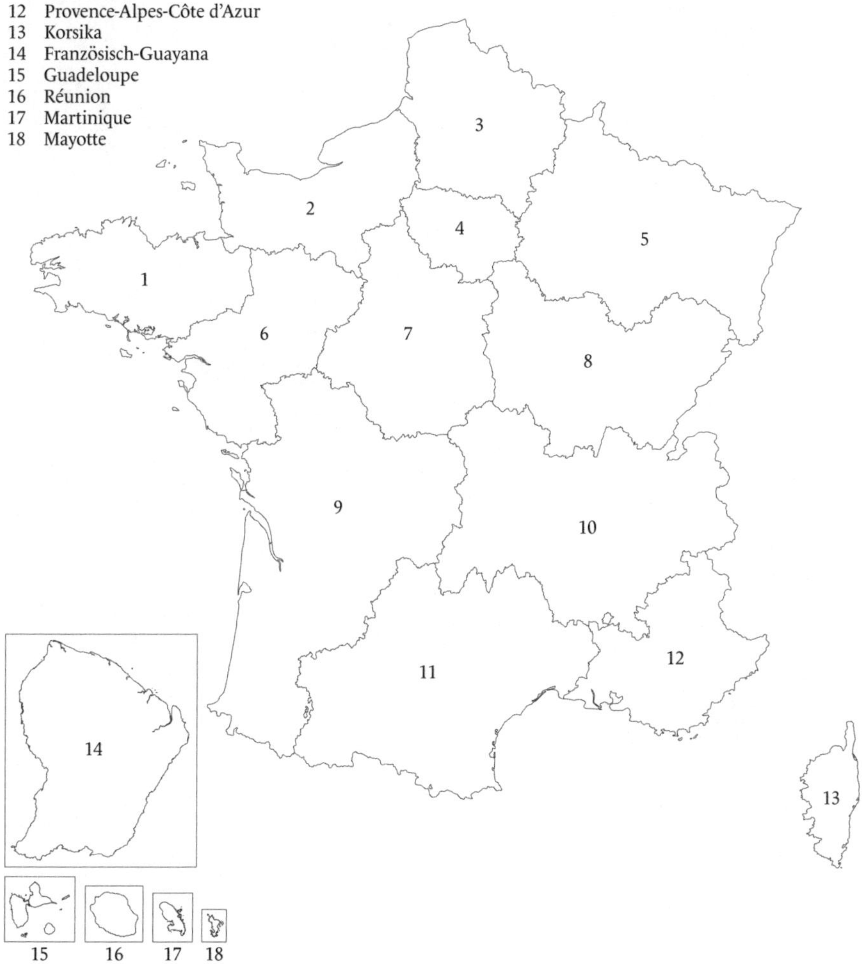

LITERATURAUSWAHL

Assouine, Pierre, *Monsieur Dassault,* Rom 2010

Badinter, Robert, *Idiss*, Paris 2018

Bellescize, Ramu de, *Droit des Cultes et de la Laïcité*, Paris 2017

Bayrou, François, *Henri IV. Le Roi Libre*, Paris 1994

Bayrou, François, *Ils portaient l'Écharpe blanche*, Paris 1998

Bohny-Reiter, Friedel, *Journal de Rivesaltes 1941–1942*, Genf 2010

Braudel, Fernand, *L'Identité de la France*, Band 1: *Espace et Histoire*, Paris 1986

Cabanel, Patrick, *Histoire des Protestants en France*, Paris 2012

Carbinnier-Burkard, Marianne, *Comprendre la Révolte des Camisards*, Rennes 2016

Chéron, Bénédicte, *Le Soldat méconu*, Paris 2018

Clark, Christopher, *Die Schlafwandler. Wie Europa in den Ersten Weltkrieg zog*, 10. Auflage, München 2013

Duhamel, Alain, *Journal d'un Observateur*, Paris 2018

El Karoui, Hakim, *Un Islam Français est possible, Institut Montaigne*, Paris 2016

Esrael, Raphaël, *L'Espérance d'un Baiser. Le Témoignage de l'un des derniers Survivants d'Auschwitz*, Paris 2017 (auch in deutscher Übersetzung erschienen: *Die Hoffnung auf einen Kuss. Ausschwitz, Liliane und ich*, Berlin 2019)

Feuchtwanger, Lion, *Le Diable en France*, 5. Auflage, Paris 2016

Fourquet, Jerome, *L'Archipel français. Naissance d'une Nation multiple et divisée*, Paris 2019

Fourquet, Jerome/Mauternach, Sylvain, *Les Gilets Jaunes. Révélateur fluorescent des Fractures françaises*, Paris 2018

Fredj, Jacques, *Les Juifs de France dans la Shoah*, Paris 2011

Giscard d'Estaing, *Valéry, Le Pouvoir et la Vie*, Band III: *Choisir*, Paris 2006

Halter, Marek, *Pourquoi les Juifs?*, Paris 2020

Hinrichs, Ernst (Hrsg.), *Geschichte Frankreichs*, Stuttgart 2014

Kepel, Gilles, *La Fracture*, Paris 2016

Kepel, Gilles/Jardin, Antoine, *Terreur Dans l'Hexagone. Genès du Djihad Français*, Paris 2015

Klarsfeld, Serge, *Le Mémorial des Enfants juifs déportés de France*, 2. Band, Paris 2016

Klarsfeld, Beate und Serge, E*ndstation Auschwitz. Deportation deutscher und österreichischer jüdischer Kinder aus Frankreich. Ein Erinnerungsbuch*, Köln 2008

Lentz, Thierry, „*Napoléon et la Politique d'Assimilation des Juifs*", in ders., *Nouvelle Histoire du Premier Empire*, Band 3, Paris 2007, S. 252–259

Les Anciens de la Résistance juive en France (Hrsg.), *Organisation juive de combat. Résistance/sauvetage, France 1940–1945,* Paris 2006

Loinger, Georges, *L'Odyssée d'un Résistant. Témoignage d'un Centenaire, Enfant d'Alsace,* Nizza 2014

Mémorial de la Shoah (Hrsg.), *Quinze Documents de la Déportation*, Paris 2014

Mémorial de Verdun (Hrsg.), *In der Schlacht von Verdun*, Paris 2016

Mission du Centenaire de la Première Guerre Mondiale (Hrsg.), *Bilan Diplomatique du Centenaire de la Première Guerre Mondiale – Grande Guerre et Rayonnement International*, Paris 2019

Mitterrand, François, *De l'Allemagne, de la France*, Paris 1996

Mousnier, Roland, *Les Institutions de la France sous la monarchie absolue*, Paris 1980

Oubrou, Tareq, *Ce que vous ne savez pas sur l'Islam*, Paris 2016

Pelletier, Denis, *Les Catholiques en France de 1789 à nos jours*, Paris 2019

Pfaadt, Laurent, *Nous étions des Malgré-nous. Des Alsaciens incorporés dans la Wehrmacht*, Paris 2020

Pigeard, Alain, *L'œuvre de Paix de Napoléon, 1800–1815. 200 Réalisations pour reconstruire la France*, Paris 2014

Roy, Olivier, *La Peur de l'Islam*, Paris 2015

Schabert, Thilo, *Mitterrand et la Réunification allemande. Une histoire secrète 1981–1995*, Paris 2002

Stora, Benjamin, *Histoire de l'Islam et des Musulmans en France du Moyen Age à nos Jours*, Paris 2006

Vedrine, Hubert, *Les Mondes de François Mitterrand*, Paris 1996

Waechter, Matthias, *Geschichte Frankreichs im 20. Jahrhundert*, München 2019

AUTORENVITA:
Nikolaus Meyer-Landrut

Nikolaus Meyer-Landrut kennt als deutscher Botschafter in Frankreich und Monaco (2015 bis 2020) die französische Geschichte und Gegenwart wie kaum ein anderer. Zuvor war er nach einer Promotion in Geschichte an der Universität Köln unter anderem Sprecher von *Valéry Giscard d'Estaing* im EU-Verfassungskonvent, Leiter des EU-Grundsatzreferats im Auswärtigen Amt und engster europapolitischer Berater von Kanzlerin Angela Merkel. Seit September 2020 ist er Botschafter der Europäischen Union in der Türkei.

Nikolaus Meyer-Landrut

Über die Union Stiftung

Die Union Stiftung wurde am 1. August 1959 gegründet und verfolgt den Zweck, demokratische und staatsbürgerliche Bildung, internationale Verständigung, insbesondere die europäische Einigung, sowie Wissenschaft, Forschung und Kultur zu fördern. Auf der Grundlage eines christlichen Menschenbildes arbeitend, ist die Union Stiftung als gemeinnützig anerkannt.